本书受北方工业大学新引进教师科研启动费基金 110051360002 的资助

股权质押对盈余管理选择偏好的影响研究

——基于外部不确定性因素的调节效应

姜晓文 著

中国财经出版传媒集团

经济科学出版社
Economic Science Press

图书在版编目（CIP）数据

股权质押对盈余管理选择偏好的影响研究：基于外部不确定性因素的调节效应/姜晓文著．—北京：经济科学出版社，2021.12

ISBN 978 - 7 - 5218 - 3008 - 8

Ⅰ.①股… Ⅱ.①姜… Ⅲ.①上市公司 – 股权管理 – 研究②上市公司 – 企业利润 – 研究 Ⅳ.①F276.6

中国版本图书馆 CIP 数据核字（2021）第 217753 号

责任编辑：谭志军
责任校对：刘　昕
责任印制：范　艳　张佳裕

股权质押对盈余管理选择偏好的影响研究
——基于外部不确定性因素的调节效应
姜晓文　著
经济科学出版社出版、发行　新华书店经销
社址：北京市海淀区阜成路甲 28 号　邮编：100142
总编部电话：010 – 88191217　发行部电话：010 – 88191522
网址：www. esp. com. cn
电子邮箱：esp@ esp. com. cn
天猫网店：经济科学出版社旗舰店
网址：http：//jjkxcbs. tmall. com
北京季蜂印刷有限公司印装
710 × 1000　16 开　13 印张　250000 字
2021 年 12 月第 1 版　2021 年 12 月第 1 次印刷
ISBN 978 - 7 - 5218 - 3008 - 8　定价：68.00 元
（图书出现印装问题，本社负责调换。电话：010 – 88191510）
（版权所有　侵权必究　打击盗版　举报热线：010 – 88191661
QQ：2242791300　营销中心电话：010 – 88191537
电子邮箱：dbts@ esp. com. cn）

前　言

2020年初，新型冠状病毒开始在全球范围内传播开，加剧了全球经济的不确定性，严重阻碍了旅游业、航空运输业、零售业等行业的发展，使得股市受挫严重，加剧了投资者的恐慌情绪，对企业经营也造成了恶劣影响。可以说，类似新冠肺炎这种全球突发事件正是一种外部不确定性因素的表现，随着中国经济对外开放程度日益加深，越来越多的不确定性因素将对企业运营产生重要影响，外部不确定性的概念也逐渐在企业管理层和投资者心中扎根。股权质押作为企业的重要融资手段，其经济后果也深受外部不确定性因素的影响。

第一，本书考察了持股股东股权质押对上市公司盈余管理行为的影响。研究发现，持股股东股权质押会诱导上市公司进行盈余管理行为。从盈余管理手段来看，企业主要有三种选择：应计盈余管理、真实盈余管理和归类变更盈余管理。进一步的研究发现，在非国有控股公司中，存在股权质押的公司更有动机进行盈余管理；地区的市场化程度越高，对存在股权质押企业的盈余管理行为抑制作用越明显。不仅如此，由于投资者对股权质押表现出恐慌等非理性情绪特征，导致存在股权质押公司的股价同步性下降。存在股权质押的企业进行应计盈余管理，会加剧投资者非理性情绪，进一步降低股价同步性；由于真实盈余管理更具隐蔽性，往往藏匿于企业生产经营活动中，不容易被投资者发现，因此，存在股权质押的企业进行真实盈余管理对股价同步性影响不明显；而存在股权质押的企业进行归类变更盈余管理会弱化股权质押对股价同步性的负面影响，说明归类变更盈余管理能够有效稳定投资者情绪，提振投资者信心。

第二，本书对宏观层面和微观层面的外部不确定性因素进行考虑，以经济政策不确定性和环境不确定性为例，考察了两种外部不确定性因素对存在股权质押企业三种盈余管理选择偏好的影响。研究发现：经济政策不确定性对股东股权质押与上市公司盈余管理行为存在调节作用。具体的，经济政策不确定性越高，存在股权质押的企业越可能减少应计盈余管理，增加真实盈余管理，而经济政策不确定性对存在股权质押企业的归类变更盈余管理行为影响不明显。即当外界经济政策不确定性程度提高时，存在股权质押的企业会更加偏好真实盈余管理，减少应计盈余管理，并以真实盈余管理代替应计盈余管理，以降低盈余管理成本。然而，经济政策不确定高时，外界投资者及其他利益相关方并没有足够关注企业核心盈余以及企业盈余持续性。因此，经济政策不确定性对股权质押与归类变更盈余管理的调节作用不明显。进一步研究发现，当东部地区的经济政策不确定性程度提高时，股权质押企业会减少应计盈余管理，以真实盈余管理代替应计盈余管理，以降低盈余管理成本；在西部地区，经济政策不确定性对存在股权质押企业的盈余管理行为调节作用不明显。从侧面可以看出，相比东部地区，西部地区市场经济仍处于欠发达状态。划分板块发现，无论是中小板、创业板还是其他板块，存在股权质押的企业在应对经济政策不确定性冲击时，都会减少应计盈余管理，增加真实盈余管理，以真实盈余管理替代应计盈余管理，最终达到盈余目标。

第三，本书选择环境不确定性作为企业层面外部不确定性因素的代理变量。研究发现，当环境不确定性提高时，存在股权质押的企业会同时增加应计盈余管理、真实盈余管理和归类变更盈余管理。结果说明，在激烈的市场竞争环境下，存在股权质押的企业的业绩压力更大，企业管理层被迫通过盈余管理释放企业经营状况良好的信号。换言之，企业管理层为弱化环境不确定性提高对二级市场股价造成的冲击，宁愿承担诉讼风险，牺牲企业未来价值，不断强化核心盈余，以争取在企业间的较量中获得投资者青睐，破解股权质押危局。在进一步研究中，本书对行业集中度以及企业融资约束情况进行考虑。研究发现，若行业集中度高，即企业竞争优势明显，面对环境不确定性的冲击，企业会偏好通过应计盈余管理和真实盈余管理途径迎合外部投资者的盈余预期；若行业集中度低，即企业竞争劣势明显，迫于同行竞争压力，企业更偏好通过真实盈余管理和归类变更盈余管理途径迎合投资者的盈余预期。研究还发现，融资约束低的企业在面对环境不确定性提高的情况时，首先偏好真实盈余管理，其次是归类变更盈余管理，最后是应计盈余管理；融资约束高的企业则首先偏好应计盈余管理，其次是真实盈余管理，而对归类变更盈余管理不敏感。由此可见，融资约束情况严重的企业在面临环境不确定性的冲击时，宁愿承担一定诉讼风险，也要尽快摆脱财务不利的局面，降低股权质押危机发生的可能。

本书的创新点主要体现在：

第一，本书将归类变更盈余管理方式纳入股权质押与传统盈余管理的研究范畴，具有一定创新性。我国学者关于股权质押对盈余管理行为的影响研究仅仅关注到应计盈余管理与真实盈余管理两种情况，还未有研究涉及股权质押对归类变更盈余管理行为的影响，且并未考虑盈余管理行为间的互相影响。本书参照麦克维（McVay，2006）的研究方法，发现存在股权质押的企业会进行归类变更盈余管理行为，在控制应计盈余管理和真实盈余管理后，结果依然显著。换言之，存在股权质押的企业会通过将经常性费用划拨到营业外支出，或者将营业外收入划拨到营业收入，以此增加扣非后净利润，强化核心盈余，即进行归类变更盈余管理来增强盈余的持续性，以迎合外部投资者的盈余预期。从实际操作层面看，非经常性损益项目虽作为证监会规定的监管指标，却并不与营业外收支所涵盖的会计科目一一对应，这为公司酌情披露非经常性损益以增加核心盈余创造了空间。因此，本书将归类变更盈余管理纳入盈余管理行为的研究框架，具有创新性。

第二，本书首次将外部不确定性因素引入股权质押与盈余管理研究的传统静态模型中，生动刻画了存在股权质押企业的盈余管理选择偏好，具有一定创新性。现有研究股东股权质押对企业行为影响的相关文献均默认企业处于静态环境中，尚未有研究将外部不确定性因素考虑其中。实际上，外部不确定性因素的存在正严重阻碍着经济体复苏。制度特征上，我国制度体系区别于欧美国家，政府在经济发展中占有重要地位，宏观政策的出台立足于市场发展，更要受到政府调控；地域特征上，我国不同地区发展存在失衡现象，随着财政分权体制改革的推进，各地都在有目标有重点的发展地方经济；行业特征上，除了部分行业垄断特征明显，大部分企业均将面临市场竞争的大浪淘沙。因此，将外部不确定性因素纳入本书的研究框架，并且首次分层研究外部不确定性因素对于企业行为的影响，层层递进，发现不同层次的外部不确定性因素会使得股权质押企业的盈余管理偏好产生差别，企业倾向于在预判外部不确定性风险的基础上，酌情搭配三种盈余管理手段，适时达到盈余目标。本书研究能够丰富经济学与管理学的交叉研究，紧密贴合当下研究热点，为微观企业行为的相关研究提供更加丰富的证据，具有重要的创新意义。

第三，研究模型设计上，本书对传统研究模型进行了改良，具有一定创新性。本书在以一种盈余管理方式为被解释变量时，同时将另外两种盈余管理方式作为控制变量，并且采用固定效应模型进行研究，同时控制了年份和个体效应。本书在研读现有文献的基础上，发现现有研究模型存在一定的漏洞。现实情况下，企业不仅仅依托单一盈余管理手段实现盈余目标，某种盈余管理程度的减少，并不代表盈余质量的提升，而可能是管理层对某种盈余管理选择偏好发生变化。因此，对现有盈余管理方式不加控制的研究企业盈余管理行为，得到的结论并不可靠。为此，本书进一步对前人研究模型进行改良，对企业目前能够识别的盈余管理方式加以控制，具有一定创新价值。

目　录

第1章 绪 论

1.1 问题的提出

1.1.1 研究背景

2020年初，新型冠状病毒开始在全球范围内传播开来，加剧了全球经济的不确定性，严重阻碍了旅游业、航空运输业、零售业等行业的发展，使得股市受挫严重，加剧了投资者的恐慌情绪，对企业经营也造成了恶劣影响。可以说，类似新冠肺炎这种全球突发事件正是一种外部不确定性因素的表现，随着中国经济开放程度日益加深，越来越多的不确定性因素将对企业运营产生重要影响，外部不确定性的概念也逐渐在企业管理层和投资者心中扎根。股权质押作为企业的重要融资手段，其经济后果也深受外部不确定性因素的影响。

股权质押是上市公司股东将手中所持股票部分或全部质押给银行、信托、证券公司或其他金融机构以获得资金来源的债务融资途径之一。我国担保法规定，出质人在质押股权后依然享有分红权、投票权等其他权利。因此，股权质押不同于股权转让，其本身并不导致股权变更。与美国的"双股权"结构不同，我国上市公司在"同股同权"的背景下，控股股东控制权的实现需要依托于其所持股份，这部分股份虽属于股东私人财产，却同样可以理解成股东为获得控制权所付出的代价，意味着机会成本的存在。股权质押的出现，既实现了有效的资金融通，又不妨碍控股股东行使权力，因此为上市公司股东实现资金融通提供了极大的便利。2013 年，沪深交易所股票质押式回购交易业务①正式启动，由于放宽对资金使用期限及用途的要求，并兼顾融资成本低与到账速度快的巨大优势，股权质押业务在全国范围内迅猛发展。据统计②，2014 年共有 2 544 家上市公司涉及股权质押，共涉及质押股票 2 167 亿股，A 股质押比例达到 6.94%，质押总市值高达 2.58 万亿元；2015 年沪深两市共有 2 773 家上市公司涉及股权质押，共涉及质押股票 2 978 亿股，A 股质押比例达到 9.30%，质押总市值高达 4.93 万亿元；2016 年沪深两市共有 2 996 家上市公司涉及股权质押，共涉及质押股票 4 466 亿股，A 股质押比例达到 10.73%，质押总市值高达 5.44 万亿元。2017 年沪深两市共有 3 432 家上市公司涉及股权质押，共涉及质押股票 5 681 亿股，A 股质押比例达到 10.86%，质押总市值高达 6.15 万亿元，增长幅度略微回稳；2018 年沪深两市共有 3 433 家上市公司涉及股权质押，共涉及质押股票 6 345 亿股，A 股质押比例达到 9.75%。随着股权质押风险频发，上市公司股权质押行为有所收敛，然而质押总市值仍然高达 4.34 万亿元；截至 2019 年末，A 股质押占比 8.11%，仍有 5 899 亿股处于质押状态，质押总市值高达 4.39 万亿元。由此可见，股权质押融资在我国上市公司的普及率极高。

然而，股东在享受股权质押便利的同时，也要承担一定的风险。通常，根据股权质押业务协议，当股价触及警戒线时，质权方通常会责令出质方追加保证金或质押品，倘若股价持续下跌至平仓线，则质权方很可能会采取极端措施，诸如通过大宗交易、公开市场抛售等途径对质押股票进行处置，出质方也将因此丧失该部分股权。如果控股股东所持股票因为质押而被大量处置，则其控制权将会受到极大威胁。纵览国际，股权质押融资并非中国独有，在欧美国家和东南亚国家均出现过股权质押融资的情况，诸多企业同样遭遇过股权质押危机，相关机构也曾有针对性地采取了系列防范措施，例如2006 年 9 月，美国证监会发布公告，要求公司高管披露其股权质押的份额

---

① 2013 年 5 月 24 日，上交所、深交所和中登公司发布了《股票质押式回购交易及登记结算业务办法（试行）》（以下简称《试行办法》）。2013 年 6 月 24 日，沪深交易所正式启动了该项业务。

② 资料来源于 Wind 数据库。

（SEC，2006）[1]；2009 年 1 月，英国证监会要求将股权质押的份额作为披露高管交易的内容之一（FSA，2009）[2]；2009 年，印度证监会也曾提出要求，规定质押数额超过 25 000 股或其持股比例 1% 的控股股东要按要求对外披露（SEB，2009）[3]。

股权质押背后的高风险往往促使上市公司管理层产生干预股价的意图，也就是进行所谓的市值管理。作为股权质押主体重要组成部分的控股股东，不仅有能力而且更有动机进行市值管理行为，巩固控制权，降低股权质押风险。盈余管理行为是最为常见的一种市值管理行为。相关研究证实，为获得更多贷款或者稳定控制权，控股股东在股权质押前后均有强烈动机干预公司盈余，进行盈余管理抬升股价（黄志忠和韩湘云，2014；谢德仁和廖珂，2018；辛格，2018）。股权质押的质权人大多是机构投资者，如银行、金融机构等，这类质权人为保证贷款的安全性，必然会强化外部治理的角色，例如，谭燕和吴静（2013）从债权人角度，发现盈余管理水平能影响债权人对股权质押风险的评估，且债权人更倾向于连续质押的样本。管理层为了进行有效的盈余管理行为以规避股权质押风险，会分析各种盈余管理手段的利弊所在，产生盈余管理选择偏好。操纵性应计的调整时常给公司带来负面影响，传递给二级市场，导致股价下跌。于是，王斌和宋春霞（2015）发现股权质押使得上市公司应计盈余管理行为有所收敛，取而代之的是真实盈余管理行为。进一步地，谢德仁等（2017）发现，控股股东股权质押的公司更可能选择将开发支出资本化的会计政策，以期正向盈余管理。谢德仁和廖珂（2018）的研究同样验证了股权质押与真实盈余管理的正向关系，且年内解押的股权质押对真实盈余管理不存在显著影响。近年来，非经常性损益也逐渐受到实务界和学术界的关注，张雪梅和陈娇娇（2018）研究了除应计盈余管理和真实盈余管理之外的第三类盈余管理方式，发现控股股东质押股权前会进行向上分类转移盈余管理增加筹资金额。杜勇等（2018）以亏损公司为研究样本，也发现质押股东会通过调整异常经营性损益扭亏为盈，

① SEC, 2006. Executive Compensation and Related Person Disclosure; Final Rule and Proposed Rule, 71 FR53158, www. sec. gov/rules/final/2006/33 – 8732afr.

② FSA, 2009. Disclosure and Model Code Obligations in Respect of the Use of Shareholdings as Security, http：//www. fsa. gov. uk/pages/Doing/UKLA/company/disclosure/index. shtml.

③ SEB, 2009. Regulations, Gazette of India Extraordinary Part – III – Section 4, http：//www. se-bi. gov. in/acts/sast28jan09.

试图对外报告微利，此举不仅混淆视听，还会加剧企业继续亏损的可能。因此，从以往研究来看，存在股权质押的上市公司不仅有强烈动机进行盈余管理行为，而且在盈余管理手段选择上存在偏好。

然而，外部不确定性因素的持续冲击，可能使得股权质押企业的原有盈余管理偏好发生变化，使得企业盈余管理行为更趋复杂化。

从宏观层面看，随着中国经济逐渐步入"新常态"阶段，经济增速持续放缓和经济政策不确定性增加并存，如何通过稳定的宏观经济政策优化微观主体投融资决策，使得中国经济呈现出高质量增长态势值得思考。我国的宏观政策在积极推进市场经济改革中作用明显，但其明显的"逆周期"特征也将意味着政策随经济周期变动的特征明显。根据实际经济周期理论，未预期的宏观政策波动也可能导致经济波动。原则上，国家出台的各项宏观调控政策的初衷，皆是服务于经济增长，进一步弥补市场经济在资源配置作用上的不足。尽管如此，如若中央政府频繁变更宏观经济政策，或者人为导致政策实施过程变数增加，则容易带来经济政策不确定性问题。本书所指的经济政策不确定性，是经济主体无法确切预知政府是否、何时以及如何改变现行经济政策（古伦和伊翁，2016）。宏观经济政策调整会带来宏观经济前景、行业前景预期、外部信息环境的变动（伯南克和库特纳，2005；祝继高和陆正飞，2009）。于是，宏观经济政策的变动导致的经济政策不确定性问题越发引起重视。经济政策不确定性会加大公司的经营风险：一是经济政策不确定性会使得工作岗位减少、GDP下滑，同时引发滞胀甚至经济衰退，且对新兴经济体的影响更加明显，这就加大了微观主体面临的外部经济环境风险；二是高度不确定的经济政策导致公司未来现金流的波动性增加，融资成本升高、融资约束增强，股价波动性提高（帕斯特和韦罗内西，2013；贝克等，2016）。因此，在经济政策不确定性提高时，微观主体需要根据宏观经济政策的变化不断调整其经营行为及发展战略。由此可见，经济政策不确定性是影响企业行为的重要外部不确定性因素。

从微观层面看，随着资源争夺战的升级，企业间竞争淘汰更加残酷，公司的经营环境逐渐成为利益相关者关注的焦点。因此，反映企业微观层面不确定性因素的环境不确定性同样值得关注。毋庸置疑，客户、供应商、竞争者等利益相关群体共同构筑了企业微观生存环境，其行为的不可预测性增加了企业经营环境的不确定性（戈文达拉扬，1984）。

伴随着宏观去杠杆力度不断强化，企业信用能力表现普遍较差，债务违约现象频发，进一步导致企业融资难度加大。环境不确定性会降低公司财务报告的透明度，创造盈余管理的空间。据悉，环境不确定性有可能影响企业绩效的高低变化（程和凯斯纳，1997）。公司微观环境不确定性会直接影响核心业务，带来盈余波动。公司管理者与外部利益相关者之间通常存在较大的信息不对称（希利等，1999）。环境不确定性会与信息不对称现象产生叠加效应，进一步加剧企业的信息不对称，剧烈的盈余波动还容易加剧投资者恐慌，引起股价异动，尤其在管理层股权质押融资后，股价异动不仅不利于管理层形象经营，还会打乱管理层的资源配置计划，一旦股价触及警戒线，甚至低至平仓线，管理层有可能丧失控制权。由此可见，在经济下行压力加大和企业融资困难的背景下，环境不确定性会加剧企业信息不对称情况，为管理层盈余管理行为提供便利。因此，环境不确定性作为企业层面重要的不确定性因素，理应被纳入研究范畴。

1.1.2　研究意义

尽管股权质押在 A 股市场上的普及率越来越高，但持股股东在选择股权质押融资时，不仅要看到股权质押融资的便利性，更应该警惕股权质押的潜在危机。梳理现有的研究文献，我们发现学术界对股权质押的关注度依然不足，相关研究仍然停留在较浅层次上，并没有结合企业融资环境谈股权质押的必要性。此外，股权质押的相关研究依然在围绕股东行为谈公司治理，并没有将外部不确定性因素的影响考虑其中。实际上，随着资本市场的不断完善，利益相关者间的联系必然越来越紧密。也就是说，外部不确定性因素的存在将不仅影响企业个体，而且将影响整个利益共同体。此外，在如今的公司治理环境中，盈余管理虽然是一种人为干预财务数据对外披露的过程，但同样是管理层市值管理概念建立的过程。尽管真实盈余管理逐步替代应计盈余管理，成为盈余管理的主要手段，但仍不足以掩饰企业业绩漏洞的存在，更无法阻碍归类变更盈余管理的兴起。因此，笔者旨在对上述两方面进行完善，并认为此选题具有理论和现实意义。

1.1.2.1 理论意义

本书的理论意义主要有以下方面:

第一,本书将归类变更盈余管理方式纳入盈余管理的研究范畴,从理论层面对现有盈余管理行为相关研究做了有益补充。现有关于股权质押对企业盈余管理的影响研究主要聚焦在应计盈余管理和真实盈余管理上,还没有学者注意到股权质押对上市公司归类变更盈余管理的影响。此外,盈余管理作为管理层市值管理的手段之一,其具体方式的应用是管理层基于成本——收益原则而进行选择的结果。因此,某种或者某几种盈余管理程度的下降并不代表企业盈余质量的改善,还可能是企业升级盈余管理手段而导致盈余管理被发现的难度加大,本书恰好从理论角度对企业盈余管理行为的相关研究进行了补充和完善。

第二,本书首次将外部不确定性因素纳入股权质押的研究框架,并发现外部不确定性因素的层次差异,影响作用效果。关于外部不确定性因素的量化一直是学术界研究的难点。现有关于股权质押的研究均置于静态层面,研究股东股权质押对企业投资等方面造成的影响。实际上,股权质押是股东出于资金融通需要的个人行为,融得资金不一定投入所在企业;并且,企业正常生产经营活动会受到外部不确定性因素的影响,现实情况下的企业行为也更趋复杂化。因此,本书选择经济政策不确定性和环境不确定性两个代理变量,分别从宏观层面和微观层面探究不同层面的外部不确定性因素对于企业盈余管理选择偏好的影响,旨在为外部不确定性因素作用于微观主体行为的相关研究提供更加丰富的证据。

1.1.2.2 现实意义

本书的现实意义主要体现在以下方面:

第一,本书对于监管层在不同时期制定政策规范企业股权质押行为,规避股权质押风险具有重要参考意义。股权质押不仅受到国内企业的重视,也曾受到国外企业的追捧,西方国家在股权质押方面的制度和政策在一定意义上为我国制度制定提供参考。现如今,大批企业因为股权质押而受困,如何化解股权质押危机引发社会各界的广泛关注。可以看到的是,股权质押仍然是当今企业融资的不二之选,尚未遭遇危机的企业正积极地通过系列市值管理行为尽可能规避风险，监管层及部分金融机构也正积极帮助企业纾解风险。本书旨在让股权质押这种新兴融资方式更好地服务于新阶段下我国实体经济的发展，具有较强的实践意义。

第二，本书对于帮助外部投资者更好地认识和评价企业盈余管理行为，以及监管机构适度规范企业盈余管理行为，皆具有重要的指导意义。学者对盈余管理问题的研究由来已久。然而，随着经济社会发展和公司治理水平的提升，企业盈余管理行为不断呈现出新的特点。伴随着市值管理概念的兴起，盈余管理正不断打破外部投资者对企业盈余管理行为的传统认知，盈余管理已经不再以"丑陋形象"示人，而是更趋中性含义。盈余管理不仅可以避免企业牺牲不必要的利益，还可以弱化资本市场股价波动。本书选择市值管理的重要手段——盈余管理作为切入点，深入分析股权质押企业的盈余管理选择偏好，并进一步考虑不同层次外部不确定性因素对盈余管理选择偏好的影响，较为系统和全面地介绍了存在股权质押的企业在应对不同层面的外部不确定性因素冲击时，对盈余管理手段的偏好和选择。从本书的分析来看，企业不仅仅依托单一盈余管理手段，某种盈余管理程度的减少，并不代表公司盈余质量的提升，也可能是管理层对某种盈余管理手段偏好发生变化。

1.2 研究内容与本书框架

1.2.1 研究内容

本书借鉴财务会计与资本市场方向的主流研究方法，使得规范研究与实证研究相结合，借助归纳和演绎提出研究问题，并有理有据的进行验证，具体将通过七章内容进行阐述。第 1 章至第 3 章，主要通过规范研究方法对理论基础、现有文献、制度背景及作用机理层层梳理，构建出外部不确定性因素、股权质押与盈余管理偏好三者间关系的理论分析框架。第 4 章至第 6 章，针对前面章节提出的假设进行实证检验。第 7 章将对本书主要研究结论进行总结，给出政策建议和进一步研究方向。其中：

第1章，绪论。本章首先基于股权质押选题背景，系统介绍了本研究的背景及意义所在；随后分章节介绍了各章内容梗概，并作图展现了论文的整体框架；紧接着介绍了本书使用的会计研究方法；最后提炼了本书的创新点。

第2章，理论基础与文献综述。在本章节中，本书主要围绕着股权质押、盈余管理和外部不确定性因素三个方面对现有文献进行了梳理。在股权质押模块，本书主要梳理了股权质押动因、市值管理行为以及经济后果的相关研究文献，揭示了股权质押的重要性和必然趋势。在盈余管理模块，本书介绍了盈余管理的理论基础，盈余管理的主要手段以及特征，引入当前盈余管理的主要计量方法，为后文的理论分析以及实证检验打下基础。在外部不确定性因素模块，本章梳理了经济政策不确定性与环境不确定性作用于企业行为的相关文献，为后面第5章至第6章的设置埋下伏笔。最后，进行文献评述，并总结本章内容。

第3章，制度背景与作用机理。首先，本部分介绍了股权质押的制度背景，具体包括股权质押在中国的兴起、发展、危机和转机。其次，将中国股权质押情况与以美国为首的西方国家和以印度为首的东南亚国家进行国际比较；值得注意的是，在本章中，我们手工搜集了标准普尔500和标准普尔1500在2006～2018年股权质押数据，使得国际比较更加具象化，也为本书研究积累了更加充足的证据。最后，本章具体阐释了外部不确定性因素的概念及分层特征，介绍了外部不确定性因素对存在股权质押企业盈余管理偏好的作用机理，为后面分章节实证检验做了铺垫。

第4章，股权质押与盈余管理选择偏好。本部分具体区分了应计盈余管理、真实盈余管理和归类变更盈余管理三种企业常用的盈余管理手段，阐述了股权质押对企业盈余管理行为的影响机理，并进行了实证检验。为了保证本书结论的可靠性，本书进行了包括替换变量、替换实证方法等稳健性检验。此外，本书还采用了工具变量法、PSM配对样本法等方法，尽可能降低内生性问题的干扰。在进一步研究中，本书还探究了股权质押与盈余管理的关系在不同股权性质企业、不同市场化程度地区之间的差别。此外，为了探究存在股权质押公司的盈余管理是否增加其股价中的噪音干扰，本书从股价同步性角度进行了进一步的考量。

第5章，经济政策不确定性、股权质押与盈余管理选择偏好。经济政策不确定性是公司生产经营决策的重要影响因素,具有较高的研究价值。因此,本书将经济政策不确定性这一外生变量引入本书的研究框架中。首先,本书梳理了经济政策不确定性对股权质押的影响机理以及经济政策不确定性对股权质押与不同盈余管理方式间关系的调节作用机理,并提出了相应假设。随后,本书对所提假设进行了实证检验。为了保证本书结论的可靠性,本书采用替换变量等方法进行稳健性检验,并采用工具变量法、PSM 配对样本法等方法,尽可能降低内生性问题的干扰。在进一步研究中,本书还探究了经济政策不确定性对股权质押与盈余管理间关系的调节作用在东部与西部地区、创业板和中小板与其他板块之间的差别。

第 6 章,环境不确定性、股权质押与盈余管理选择偏好。随着资源争夺战的升级,企业间竞争淘汰更加残酷,公司的经营环境逐渐成为利益相关者关注的焦点。首先,本书介绍了环境不确定的背景及重要性,并进一步梳理了环境不确定性对持股股东股权质押与上市公司三种盈余管理行为关系的影响,据此提出假设。随后,本书对所提假设进行了实证检验。为了保证结论的可靠性,本书采用替换变量等方法进行稳健性检验,并采用工具变量法、PSM 配对样本法等方法,尽可能降低内生性问题的干扰。在进一步的研究中,本书还基于行业集中度及企业融资约束程度分组,探究环境不确定性在组别间的影响差别。

第 7 章,研究结论、政策建议与研究展望。本章对本书得到的主要研究结论进行了梳理和总结,并进一步提出相应的政策建议。此外,本章进一步指出了本书研究的不足之处,指明了进一步的研究方向。

1.2.2 本书框架

本书按照"绪论—理论基础与文献综述—制度背景与作用机理—实证研究—研究结论、政策建议与研究展望"的研究线路,对本选题进行研究。在理论基础部分,本书主要介绍了委托代理理论、融资优序理论和静态权衡理论、信息不对称理论及资源依赖理论;在文献综述部分,本书主要从股权质押、盈余管理、外部不确定性三个方面对现有文献进行了梳理,并进行文献述评。在实证检验中,本书主要检验了股权质押对企业三种盈余管理行为的影响以及经济政策不确定性和环境不确定性分别对两者关系的调节作用。

本书的技术路线如图 1.1 所示。

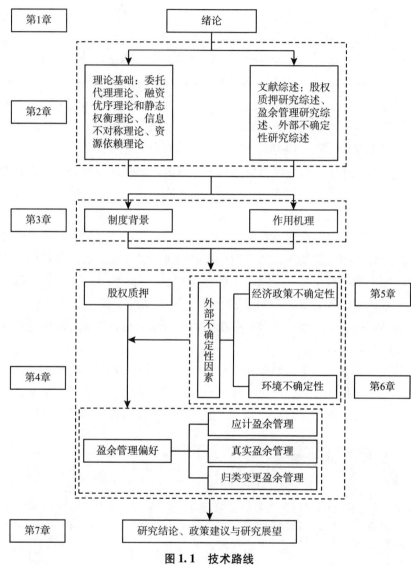

图 1.1　技术路线

1.3　研究方法

本书立足于我国股权质押研究现状，研究企业存在股权质押对自身盈余管理行为的影响，并从经济政策不确定性和环境不确定性分别探讨了宏观层面和微观层面的外部不确定性因素对两者关系的调节作用。在理论上，本书旨在对企业盈余管理相关研究进行补充和完善，并将外部不确定性因素的影响补充到股权质押领域研究范畴。在实践上，本书将为企业、政策制定者、监管机构和外部投资者合力把控股权质押风险提供参考，为促进我国资本市场的制度完善和健康发展建言献策。本书主要采用以下方法来进行研究：

1.3.1　归纳法和辩证分析法

本书遵循现有的主流规范研究范式。本书全面收集和查阅了国内外关于外部不确定性因素、股权质押和盈余管理的研究成果和最新观点，具体结合归纳法和辩证分析法对现有的存在股权质押上市公司的市值管理行为相关研究成果进行梳理，从而搭建了本书的研究框架。在归纳和辩证分析的基础之上，将委托代理理论、融资优序理论和静态权衡理论、信息不对称理论及资源依赖理论等相关理论体系的重要核心思想融入股权质押与盈余管理研究逻辑设计当中，综合运用逻辑推理、归纳演绎等方法从外部不确定性因素的层次间的差异性和上市公司特异性个体特性两个方面，对研究设计的核心内容及具体适用情景进行详细剖析。并结合对比分析法和分类分析法展开研究，增进研究内容的层次性、系统性和全面性。

1.3.2　实证研究法

基于上述文献分析法和规范研究法所提出的外部不确定性因素、股权质押和盈余管理三者间的作用关系，提出研究假设并通过实证研究法，对其进行科学的验证。首先，本书在分析前人对于应计盈余管理、真实盈余管理、归类变更盈余管理的计量基础上，确定适合本书研究的计量方法以衡量企业三种盈余管理程度，并对变量进行标准化处理，方便比较；其次，本书以经济政策不确定性和环境不确定性分别代表宏观层面和微观层面的外部不确定性因素，对其作用效果进行了验证。经过检验，确定固定效应模型，对设计变量进行实证检验。最后，本书在主要实证章节设计稳健性检验、内生性问题，通过替换变量、替换实证方法等途径进行稳健性检验，使得实证结果更加可靠；并通过工具变量法、PSM 配对样本法尽可能降低内生性问题的干扰。实证部分主要利用 Stata 14.0 对相关数据进行处理。

第2章 理论基础与文献综述

2.1 理 论 基 础

2.1.1 委托代理理论

股权质押动因方面研究的重要根基在于委托代理理论，遵循的是以"经济人"假设为核心的新古典经济学研究范式，主要解决在利益矛盾冲突和信息不对称这两种情形之下，委托人如何设计契约从而实现对代理人的有效激励（沙普顿，1991）。若代理人凭借信息优势损害委托人利益，即所谓的代理人"道德风险"，则产生代理问题。委托代理理论最早由西方学者詹森和麦克林（Jensen and Meckling，1976）提出，经过40多年的演进和发展，逐步细化为以多个委托人为特征的共同代理理论（伯恩海姆和温斯顿，1986）、以多个代理人为特征的多代理人理论（费尔顿和霍夫曼，2007；张，2008），及以多项代理事务为特征的多任务代理理论（霍姆斯特罗姆和米尔格罗姆，1991），打破了传统双边委托代理理论结构，为复杂情形提供了理论基础。然而，委托代理理论依然是公司治理方面的核心理论，也是契约理论的重要分支。鉴于我国上市公司股权普遍集中，明显区别于欧美相对分散的股权结构特征，因此，生搬硬套西方传统的委托代理理论在研究我国上市公司治理问题上收效甚微。于是，冯根福（2004）在西方单委托代理理论的基础上，引申提出更具中国解释力的双重委托代理理论，该理论不仅覆盖了外部股东与管理层间的第一类代理问题，还囊括了中小股东与控股股东之间的第二类代理问题。我国与欧美国家股权结构上的巨大差异，导致股权质押代理问题研究的侧重点并不完全相同。西方国家股权相对分散，股权质押研究对象主要是管理层；而我国股权高度集中，控股股东成为股权质押的主要行为人（廖珂等，2018）。金和安（Kim and An，2018）从应计和真实盈余管理的角度，研究了真实盈余管理和两权分离度间的负相关关系，暗示出中国资本市场在各项改革措施的推动下，上市公司中第二类代理问题逐渐减少的现况。

2.1.2　融资优序理论和静态权衡理论

关于公司资本结构的讨论一直深受党政国策以及学术研究的高度重视，其中静态权衡理论（迈尔斯，1977）和融资有序理论（迈尔斯，1984；迈尔斯和马杰卢夫，1984）是国内外研究者重点讨论的两大经典资本结构理论，两者的较量从未停歇。融资优序理论（Pecking Order Theory）具体阐明了企业为投资项目募资时，最倾向于内部资金（在美国等金融市场发达的西方国家比较普及），其次是债务融资，包括常见的发行股票、企业债券和银行贷款等，最后才是股权融资。我国作为世界上最大的发展中国家，信贷约束逐渐成为降低经济发展速度和效率的"拦路虎"。我国大量非国有控股上市公司以及中小企业面临抵押品短缺的困境，难解资金链断裂的僵局。据悉，我国国有企业大概30%的投资资金可以来源于银行贷款，而民营企业银行贷款占投资资金的比重不足10%（宋等，2011）。为缓解融资约束，部分规模较大的非金融企业开始扮演金融中介的角色，为资金周转困难的企业提供信贷服务（王永钦等，2015）。唐和格林（Tong and Green，2005）研究了我国大型上市公司的融资决策，结论基本支持融资优序理论，但也有例外情况。肖泽忠和邹宏（2008）发现公司获利能力与财务杠杆的负向关系并非印证优序融资理论，而是盈利公司股权融资偏好使然，似乎更支持静态权衡理论。姜毅和刘淑莲（2011）也验证了我国上市公司的股权融资偏好，其次是内源融资，最后是债权融资。塞拉斯凯罗和卡埃塔诺（Serrasqueiro and Caetano，2015）以葡萄牙中小企业为样本，发现盈利多及老牌的企业不倾向于债权融资，符合融资优序理论的预期；而规模更大的企业更依赖债权融资，符合静态权衡理论的预期，证实了静态权衡理论和融资有序理论在解释中小企业融资结构方面相互依存。无论上市公司融资决策如何，融资成本都是管理层重要的考量。

股权质押融资是债权融资的一种特殊情况，股权质押期间，质押股权的股东不仅要关注二级市场股价异动，还要承担手续费和利息。此外，股价的波动若触及警戒线甚至平仓线，还会引发控制权易位危机。因此，相对抵押贷款成本高、风险大。无论是参考融资优序理论还是静态权衡理论，股权质押融资皆排名末位。因此，股权质押融资的普及折射出我国上市公司的融资困境。

2.1.3　信息不对称理论

信息不对称理论始于 20 世纪后半叶，随着阿克洛夫（Akerlof，1978）以"柠檬市场"中旧车市场交易为案例引入，着重强调了"柠檬市场"中的经济主体皆有强烈动机抵消信息不对称对市场效率的阻碍作用，该理论被逐步引入金融市场领域的研究而逐渐闻名。该理论主要介绍了两项内容：一方面，交易相关信息在交易双方间分布不对称，通常一方相对另一方具有明显的信息优势；鉴于双方在信息占有方面的不对称，因此在交易发生前后，"逆向选择"和"道德风险"问题先后产生，严重损害市场运行效率（辛琳，2001）。其中，逆向选择是指合同签订日前，具有信息优势的一方很可能凭借优势地位作出"损人利己"的事情，损害信息弱势方的利益。而道德风险意指合同签订日后，信息弱势方利益受损的可能性，通常表现为信息优势方违反约定条款，资金私用；隐瞒收益，逃避偿付等（仵志忠，1997）。姚宏等（2006）发现信息不对称时，内幕交易者借助信息优势操纵盈余，获得超额收益。信息不对称会降低企业的投资水平（克利等，2007；屈文洲等，2011），导致投资现金流敏感度变差（支晓强和童盼，2007）。廖冠民和张广婷（2012）发现信息不对称会加剧盈余管理对国企高管晋升对业绩的敏感性的负向影响。周晓苏和吴锡皓（2013）研究发现盈余管理可能披上稳健性的外衣，影响企业信息披露透明度。柳光强（2016）论证了财政补贴和税收优惠因信息不对称产生作用效果差异。魏志华等（2018）站在信息不对称角度，探讨了 IPO 补税与 IPO 抑价间的正向关系。如今信息不对称不仅影响企业发展和损害相关者利益，还严重妨碍了资本市场的有效定价，阻碍了公司市值增长的脚步（李旎等，2018）。

由以上分析可知，信息不对称理论也是本书重要的理论根基。信息不对称的存在弱化了宏观政策作用效果，妨碍了二级市场市值的有效反映，还为管理层盈余操纵行为留出空间。控股股东相对非控股股东及外部投资者具有较大的信息优势，不论出于掏空或是规避风险动机，皆有动机操纵会计盈余，进行市值管理，为自身谋福利。

2.1.4 资源依赖理论

切尔德（Child，1972）最早借用资源依赖理论探索外部环境不确定性的形成原因。资源依赖理论意指企业的存续需要依赖其所处的外部环境，以及从外界获得的资源。如若资源充足且易得，外部不确定性则对企业作用甚微，正是由于资源具有稀缺性，并且宏观层面和微观层面的不确定性因素皆会对资源的调配产生影响，所以管理层对于外部不确定性因素也会给予高度重视，尽可能降低外部不确定性因素对企业产生的负面影响。菲佛和萨兰奇克（Pfeffer and Salancik，2003）开创性地提出资源依赖理论，并提出了组织减少环境依赖，降低不确定性的方案，将对企业起决定性作用的外界资源从重要性、稀缺性和竞争程度三个维度区分。信贷资源具有稀缺性特征，管理层股权质押行为获得贷款的同时，也使得企业对资本市场产生更深的依赖，随之而来的不确定性因素影响也将使得上市公司无法避免，必须面对。

依据资源依赖理论，企业并非孤立且封闭的个体，而是依托于外部环境并与之产生交互效应的行为主体，所以外部不确定性因素对企业产生影响是必然存在的。企业对于资源获取，尤其是信贷资源的获取，直接关乎企业的生死存亡。同时企业管理层在应对外部不确定因素冲击时也并非消极被动，可以通过策略选择，发挥主观能动性，有效降低外部不确定性因素的负面冲击。总之，资源依赖理论从本质上概述了企业与外部环境之间关系紧密，也意味着存在股权质押企业基于市值管理动机，对盈余管理手段产生偏好的同时，不能够忽略掉外部不确定性因素的影响。

2.2　股权质押的相关研究综述

近年来，东南亚经济体的高速增长，正逐渐成为全球经济增长的新亮点。以我国为首的新兴经济体，其上市公司股权结构上显著区别于股权分散的欧美企业，股权相对集中的特征为股权质押的发展和普及提供了肥沃的土壤，随之而来的风险也引起了实务界的警觉和学术界的热议。梳理既有文献，本章主要对股权质押的动因、市值管理行为及经济后果三个方面进行文献回顾。

2.2.1　股权质押动因的相关研究

在中国资本市场中，股权质押日渐成为控股股东补充资金缺口的常用手段。但以往研究对于控股股东选择股权质押融资的动因褒贬不一。原因在于，很多研究皆以金融危机或者其他系统性风险为背景，研究股权价值下降时，大股东迫于金融机构压力和自身丧权风险而进行的利益掠夺行为（李永伟和李若山，2007；郑国坚等，2014）。实际上，股权质押动机可以从两个方面概括：主动质押和被动质押（艾大力和王斌，2012）。主动质押，是指股东借助股权质押融资及杠杆化的过程，以期满足未来投资所需或取得更高收益。被动质押，是指持股人面临资金压力而不得不采取质押套现。从现实情况看，我国被动质押情况仍然占大多数。沿此思路，本书分别从主动质押和被动质押两个方面梳理股权质押动因方面的相关文献：

2.2.1.1　主动质押套现，满足融资需求

一方面，股权质押融资是企业融资途径的一种补充，且相较于其他传统融资途径，股权质押融资不需要抵押实物资产，登记手续简便且监管较为宽松，并不需要监管层的层层审核批准，能够较为容易地为企业正常运营提供资金支持。正如官本仁（2003）所述，股权质押兼具权利性、表征性和便利性三方面特征，使其能够与动产质押一起，在权利证券化和市场信用发达的今天，成为现代质押担保体系中不可或缺的重要组成部分，并作为一种极

具潜力的融资途径，方便大股东依靠信息优势取得借款，用于公司的投资项目或者个人消费。艾大力和王斌（2012）也证实股权质押能暗示企业发展存在资金需求，可以传递出企业正蒸蒸日上的积极信号。王斌等（2013）打破股权质押服务"利益输送"等负面理论，强调了大股东扮演的独立法人角色，拓展研究了大股东股权质押行为及传导机制，验证了民营企业大股东比国有企业大股东更倾向于采用股权质押缓解融资约束，改善公司业绩。从张陶勇和陈焰华（2014）基于 2007~2012 年的 584 家上市公司样本分析中可见，尽管大多数质押资金被用于股东自身或者第三方，但其中投向上市公司的 18.5% 的确满足了企业经营需要，提高了公司业绩。陈和胡（Chen 和 Hu，2007）认为股权质押融资是大股东在个人财务约束下参与投资项目的一种方式。尤其当公司具有良好的投资项目但内部缺乏现金流时，为了降低借款成本并维护控制权，会倾向于股权质押融资（孙建飞，2017）。另一方面，股权质押融资还具有传统融资途径不具备的优势——兼顾控制权和杠杆效应。质押股权后，质押股东依然可以享有包括出质股权的表决权、新股优先认购权、收益权等，在这一点上完全区别于股权转让；与此同时，质押股东还可以借此盘活"经济存量"，撬动资金杠杆。在西方早期对管理层收购与反收购的研究中，就曾出现过股权质押的身影。显而易见，增强控制权最直接的方式就是增加股票持有，从而实现控股甚至是绝对控股。高等（Kao et al.，2004）对台湾资本市场的研究也表明，大多数股权质押的动因并非满足公司资金需求，而是满足自身资金需要，以质押融资途径增加股票持有，强化控制权，以便在股价上涨时获益更多。此外，质押股东增持股票还可以防止恶意收购，待市场稳定后再做减仓操作，偿还质押融资借款（闻岳春和夏婷，2016）。任碧云和杨克成（2018）发现大股东股权质押后会倾向于通过增持股份来防范股价下跌的风险，在财务约束严重的情况下捍卫控制权，从而更好地实现自我保护的机会主义行为。杜丽贞等（2019）也发现大股东股权质押动机视具体情况决定，除了缓解融资约束，还能增强第一大股东的控制权。王和周（Wang and Chou，2018）从投资者角度研究中国台湾上市公司发现，在 2011 年三项股权质押规制条例出台前后，存在股权质押的上市公司往往获得更高的股价回报，反映出代理问题减少的情况下，"不盲从"型的上市公司更加受到机构投资者的青睐。富钰媛和苑泽明（2019）研究发现大股东股权质押对企业慈善捐赠有积极影响，结论为主动质押动因增加了证据。

2.2.1.2　被动质押，风险规避或掏空动机

亚洲金融危机的爆发掀起世界范围内对公司所有权结构讨论热潮。追溯到早期的代理模型，第二类代理问题就广受诟病。两权（投票权和现金流量权）分离程度越高，越容易诱导控股股东掏空上市公司，侵占中小股东权益，增大股价崩盘风险（LLSV，1999；克拉森，2002；洪等，2017）。黎来芳（2005）对"鸿仪系"公司案例的研究以及李永伟和李若山（2007）对"明星电力"中的违规操作的剖析均表明，大股东利用股权质押行为侵占中小股东利益，掏空上市公司的卑劣行径。艾大力和王斌（2012）也对股权质押的掏空上市公司动机及侵占中小股东利益的观点表示赞同。郑国坚等（2014）也结合我国法律和监管方面弱化的市场背景，大股东在面临融资困境时会利用股权质押拖欠公司其他应收款实施掏空。从更加直接的层面看，大股东利用市值管理手段提高股价之后，在股价高位时实施股权质押，能在维护控制权稳定的情况下大量套现，及时收回前期投资，当质押融资金额高于股权价值时，控股股东掏空成本为零，此时控股股东可能借助商业信用、关联交易、披露虚假信息、进行盈余操纵等手段达成掏空上市公司目的。也就是说，两权分离的情况会持续引发股东对公司利益和对中小股东利益的侵占，这一点在绝大多数文献中均有证据可寻（叶等，2003；郝项超和梁琪，2009；谭燕和吴静，2013；黄志忠和韩湘云，2014；谭和唐，2016）。李常青和幸伟（2018）也证实控股股东在质押股权后，目的性干预公司财务决策，实现掏空目的。2010 年后放松卖空管制，质押股权的控股股东掏空行为明显收敛（王靖懿等，2019）。陈等（Chan et al.，2018）发现质押股东在保证金预警压力下，通过股票回购维护控制大权。

现有的文献大多支持第二种动因，认为股权质押背后是利益链条，尤其在质押危机频现的当下，实务界和学术界均对上市公司的股权质押行为给予充分的关注。尽管如此，本书依然认为股权质押行为及其背后隐匿的风险对大股东的影响具有两面性，既可能促使大股东行为积极而理性，也可能诱导大股东行为消极，丧失理性。因此，对于股权质押行为动因的分析需要置于具体情境中。杜丽贞等（2019）也证实股权质押背后的多种动机。

2.2.2 股权质押市值管理行为的相关研究

2005 年 9 月，国务院国资委在《关于上市公司股权分置改革中国有股股权管理有关问题的通知》① 中提出，要合理调整国有股股东业绩考核指标，并考虑设置上市公司市值指标，促使国有股股东关注市值变化。2014年 5 月，国务院发布《关于进一步促进资本市场健康发展的若干意见》②，首次明确提出"鼓励上市公司建立市值管理制度"。2019 年 11 月，《上海证券交易所科创板上市公司重大资产重组审核规则》（上证发〔2019〕114号)③ 中要求科创公司对"是否存在不当市值管理行为"进行披露。尽管我国市值管理体系尚且薄弱，股价并不能完全反映公司市值，但市值管理意识受到上市公司广泛重视。股权分置改革之后，大股东所持股份可以上市流通，我国"一股独大"的股权结构就使得控股股东在稳定控制权以及维护自身利益双重压力下，极为关注股票市值变化。李旎等（2018）研究强调要通过市值管理，实现公司市值持续而稳定的增长。李旎和郑国坚（2015）立足于控股股东股权质押行为，研究证实市值管理能够助力外部融资，并且通过减少控股股东对上市公司非经营性资金占用而减少利益侵占，这种治理效应随着控股股东持股比例的增加而得到增强。然而，谢德仁等（2016）研究指出市值管理行为只是短暂的降低股价崩盘风险，并非实质性改善业绩，但遗憾的是他们并未提供控股股东市值管理手段维持股价的直接证据。宋岩和宋爽（2019）同样验证了股权质押与市值管理正向关联。概括来看，质押股东市值管理行为主要包括以下几类：

2.2.2.1 股权质押与信息披露管理

我国《上市公司信息披露管理办法》对公司定期报告和临时公告设立

---

① 2005 年 8 月 23 日，中国证监会、国务院国资委等五部委联合下发了《关于上市公司股权分置改革的指导意见》（以下简称《意见》），对下一步股权分置改革作了总体部署。随后国务院国资委下发《通知》，以具体贯彻落实五部委意见。

② 《国务院关于进一步促进资本市场健康发展的若干意见》（国发〔2014〕17 号）。

③ 2019 年 11 月 29 日，为了规范上海证券交易所科创板上市公司（文中简称科创公司）重大资产重组行为，保护科创公司和投资者合法权益，提高科创公司质量，上海证券交易所发布本文件。

了强制性规定。尽管定期报告是投资者获取公司信息的主要来源，但临时公告能有效地弥补定期报告在及时性上面的不足，更加方便投资者获取信息。此外，临时公告对于公司重大事件的关注，更加突出了其披露的必要性，对股价的冲击尤为明显。在美国，卡特和苏（Carter and Soo，1999）是最早不区分信息披露类型，系统地研究了临时公告的及时性和信息含量。勒曼和利夫纳特（Lerman and Livnat，2010）以更长的样本区间，发现不论原有项目，还是 SOX409 法案新增项目都会引起显著的市场反应，进一步强化了临时公告在信息传递方面的功能。此外，临时公告披露的时间、地点和方式都会影响投资者反应（麦克兰德，2004）。于忠泊等（2012）也验证了临时公告信息披露在降低股价同步性，降低股价异质性波动，提高知情交易在概率方面的积极作用。在现行的信息披露制度框架下，公司对信息披露依然有时间选择和报告内容可读性的自由裁量权，且惩戒门槛低（吴冬梅和刘运国，2012）。

控股股东股权质押具有择时动机，上市公司股价高估会促进股权质押行为（徐寿福等，2016），且股票在资本市场上的价格直接决定了控股股东股权质押的融资金额。此外，现行质押合同设置的警戒线、平仓线以及停牌期间的市值计算方法都与股价息息相关。我国股民在经历了 2008 年的金融危机以及 2015 年的股市震荡之后仍心有余悸，在投资决策上也有意地捕获更多信息，试图降低投资风险。立足有效市场假说，公司的股价基于公司的历史信息，并会根据新的信息及时调整。因此，对于有利于公司成长、增加未来现金流的利好消息将带来股价上升（吴育辉和吴世农，2010）。因此，股权质押发生后，质押股东有动机干预上市公司信息披露，通过披露更多好消息，以期化解股价下跌危机，降低股价波动性（李常青和幸伟，2017），却降低了信息披露质量（黎来芳和陈占燎，2018）。钱爱民和张晨宇（2018）同样验证了大股东股权质押期间策略性选择披露信息的好坏，尽可能快地释放好消息，延迟披露坏消息来规避风险。

2.2.2.2　股权质押与盈余管理

为获得更多贷款或者稳定控制权，控股股东在质押股权前后期间均有强烈动机通过盈余操纵影响二级市场股价（黄志忠和韩湘云，2014；黄和薛，2016；谢德仁和廖珂，2018；李常青和幸伟，2018；辛格，2018）。股权质押的质权人多是机构投资者，如银行、金融机构等，这类质权人为保证贷款的安全性，必然会强化外部治理的角色，例如，谭燕和吴静（2013）从债权人角度，发现盈余管理水平能影响债权人对股权质押风险的评估，且债权人更倾向于连续质押的样本。李常青和幸伟（2018）从高管薪酬角度，发现存在股权质押公司的高管薪酬与业绩敏感性关联弱化，财务操纵程度高。

因此，外部约束很可能影响股权质押与盈余管理的关系，使得盈余管理行为复杂化。例如，操纵性应计的调整时常给公司带来负面影响，传递给二级市场，导致股价下跌。王斌和宋春霞（2015）发现，股权质押使得上市公司应计盈余管理行为有所收敛，取而代之的是真实盈余管理行为。进一步地，谢德仁等（2017）发现，控股股东股权质押的公司更可能选择将开发支出资本化的会计政策，以期正向盈余管理。谢德仁和廖珂（2018）通过涵盖年内股权质押行为以及全部质押股东，同样验证了股权质押与真实盈余管理的正向关系，且年内解押的股权质押对真实盈余管理不存在显著影响。此外，不少研究发现质押股权后，控股股东选择缩减研发投入的真实盈余管理行为（张瑞君等，2017；李常青等，2018；杨鸣京等，2019）。近年来，非经常性损益逐渐受到实务界和学术界的关注，张雪梅和陈娇娇（2018）研究发现，在质权人监督和融资需求的双重压力下，控股股东质押前会进行向上分类转移盈余管理增加筹资金额。杜勇等（2018）以亏损公司为研究样本，也发现质押股东会通过调整异常经营性损益扭亏为盈，试图对外报告微利，此举不仅混淆视听，还会加剧企业继续亏损的可能。国际上，李和李（Lee and Lee，2016）以韩国上市公司为样本发现股权质押比例越高，盈余管理程度越大。巴蒂亚等（Bhatia et al.，2019）以印度上市公司为样本，发现股权质押前一年，公司的应计盈余管理行为以及现金流操纵和费用操纵为方式的真实盈余管理程度增加。股权质押后的盈余管理行为还会加大被审计公司的财务风险，因而面临更高的审计定价（张龙平等，2016），同时被出具更多的非标准审计意见（翟胜宝等，2017）。潜在股权质押公司也更倾向于低质量的审计师（徐会超等，2019），增加审计意见购买（曹丰和李珂，2019）。

2.2.2.3 股权质押与股利政策

我国的股民习惯把"高送转"行为理解为一种股利分配，因此上市公司很可能加以利用，以迎合市场非理性，实现财富叠加效应。送转行为不过一种股票拆分，并不影响公司价值，却能起到"装饰"作用（艾肯伯里等，1996），产生正向的市场反应（韩慧博等，2012），能够向市场传递积极的信号，降低股价崩盘风险。区别于信号传递理论，也不少研究者认为中国市场存在价格幻觉，送转股可以引发投资者对"便宜货"的追捧，使得公司在填权过程中提升公司市值（何涛和陈小悦，2003；李心丹等，2014）。谢德仁等（2016）发现内部人"谋定后动"，有意通过高送转进行市值管理，增加收益。股权质押依托上市公司股票，其价值显而易见却波动易变，股价异动会加剧控股股东丧权风险。因此，发生股权质押的上市公司，进行股票送转的概率明显提高（何平林等，2018），且股价下跌的质押公司更容易推出高送转（黄登仕等，2018）。此外，廖珂等（2018）也验证了股权质押和高送转之间的正向关系，不仅如此，质押公司还会回避或降低现金股利，控制权风险对上述关系起到正向调节作用。以上结论，均可以看出质押股东依托"安全系数"相对较高的高送转，迎合市场投资者价格幻觉，以其进行市值管理，降低股权质押之后的控制权异位风险。宋岩和宋爽（2019）证实，股权激励时控股股东质押股权后的一种市值管理手段。

2.2.2.4 股权质押与税收规避行为

税收规避具有两面性：一方面可以帮助股东积累财富，促进公司发展（塞勒姆罗德，2004）；另一方面，税收规避也可能沦为管理层以权谋私的手腕（沙克尔福德和舍夫林，2001），对公司价值有减损效应。然而，金等（Kim et al.，2011）发现控制权市场威胁可以减弱避税与股价崩盘风险的正向关系，这不仅对研究存在控制权异位威胁时，股权质押与税收规避行为之间的联系具有一定的启发作用，也暗示了控制权异位可以规避掉税收规避的负面性，对公司股价具有一定提升效应。实际上，股权质押后，控股股东迫于股价异动对自身控制权的侵蚀，倾向于在兼顾公司与自身利益的基础上进行税收规避行为，此时两类代理问题较少，也就是说股权质押背景下的税收规避行为有利于防止控制权异位风险（王雄元等，2018）。然而，宋霞等（2019）却发现，为了避免税务稽查机关的惩罚风险，存在股权质押的上市公司反而会降低避税程度。

2.2.3 股权质押经济结果的相关研究

2.2.3.1 降低盈余管理质量

公司盈余是股东、管理层及外部投资者都极为关注的财务指标，这就唆使管理者对现行财务会计准则加以利用，更好地管理公司盈余，获得私人收益。现有文献从应计盈余管理（田等，1998）和真实盈余管理（科恩和扎罗温，2010）两方面都验证了管理者粉饰报表的意图，给公司造成了负面的影响。股权质押的公司有更强烈的动机进行盈余管理（王斌和宋春霞，2015；谢德仁和廖珂，2018），质押前旨在获取更多借款，质押后旨在稳定股价，防范控制权异位风险，但上述行为无疑会导致财务报告的真实性和可信度下降。为了减低盈余管理的成本，大股东股权质押会尽可能选择低质量审计师，从而规避掉高质量的外部监督，降低控制权转移风险（徐会超等，2019）。不仅如此，控股股东刻意的市值管理行为也为企业带来了不小的副作用，发生于1997 年的东南亚金融危机，就曾使得质押企业身陷囹圄，原因之一就是股东利用控制的资金操纵股价，使得公司资源错配，面临财务危机（Chiou et al.，2002）。事实证明，控股股东股权质押后，股价崩盘风险确实降低了，但随后又会升高（谢德仁等，2016），说明控股股东在质押之后对股价进行操纵，并非实质性改善业绩，盈余质量与股价回报率相关性减弱，这也会增加投资者对公司的负面评价。陈和高（Chen and Kao，2011）以中国台湾法定披露股权质押情况为制度背景，研究发现股权质押提高了银行效率，却降低了银行利润。

2.2.3.2 损害公司价值

众多学者基于国内外的样本验证股权质押行为会影响管理层经营管理行为以及投融资决策，最终作用于公司价值。我国台湾学者周（Chiou et al.，2002）曾发现董监高质押比例越高，越无心于公司经营，公司绩效越差，下一年越可能发生财务危机。陈和胡（Chen and Hu，2007）发现，股东财务杠杆越高，越容易投资风险性项目，影响后期公司业绩，上述关系在经济环境恶化时尤为突出。窦等（Dou et al.，2019）研究中国台湾公司样本发现，股权质押的公司存在风险规避特征，且投资决策也更趋于保守，会减损企业价值。安德森和普莱奥（Anderson and Puleo，2015）以美国公司为样本发现，股权质押会使得公司整体风险和公司特质性风险增加，说明大股东通过股权质押行为攫取中小股东利益。与上述研究结论相似，基于国内上市公司样本研究，也发现大股东股权质押与上市公司价值负向关联，两权分离产生的代理问题弱化股东激励效应，强化侵占效应（郝项超和梁琪，2009），诱导股东占用公司资金，影响公司业绩，减损公司价值（郑国坚等，2014）。除此之外，翟胜宝等（2017）从审计的角度，发现股权质押会增加审计师的业务风险和审计风险，因此质押公司会面临更高的审计费用，更大概率的非标准无保留意见，对公司价值产生负面的效果。李常青等（2018）证实，质押股权的控股股东干预上市公司现金持有，损害公司价值。何威风等（2018）证实，股权质押行为会降低企业原有的风险承担水平。荆涛等（2019）研究发现，单纯的股权质押会降低流动股供给量，对股价崩盘风险无影响，而利率上调会加剧股价崩盘危机。夏常源和贾凡胜（2019）也验证了股权质押与股价崩盘风险之间的正向关系。

尽管如此，也有研究者得出相反的结论。例如，王斌等（2013）发现，最终控制人类型影响股权质押效果，民营大股东在控制权易位压力下，会有更大的动力来改善公司业绩，体现出股权质押对企业价值的积极效应。李等（Li et al.，2019）证实，股权质押能够提高公司价值。吕晓亮（2017）研究证实，股权质押提高了公司违规行为被稽查的概率，抑制了公司违规倾向。夏婷等（2018）以我国沪深 A 股为样本，基于结构方程模型分析第一大股东股权质押程度和规模对企业价值产生不同影响，但总效应表现为企业价值提升效应。王和周（Wang and Chou，2018）以中国台湾上市公司为样本，发现董监高股权质押能够提高公司股票回报。柯艳蓉等（2019）验证了股权质押与实业投资的"倒 U 型"关系，即少份额股权质押对上市公司有支持效应。

2.3 盈余管理的相关研究综述

2.3.1 盈余管理的手段

西方对盈余管理手段的分类和计量模型的研究，为本书的研究更新了思路，并贡献了宝贵经验。本书将综合现有研究成果，将本书论述的三种盈余管理手段梳理如下：

2.3.1.1 应计盈余管理

学术界公认的应计盈余管理是指企业在不违背公认会计准则和公司法律法规的情形下，借助会计政策方法的选择或会计估计变更，实现对会计盈余有目的性的跨期操纵，以期误导会计信息使用者对企业经营发展及业绩情况的理解，进而影响其财务决策或契约缔结（德豪和斯金纳，2000）。应计盈余管理调节具体方法包括存货计价方法选择、长期资产减值准备的计提和转回、研发支出资本化、折旧和摊销的政策变更等。

2006 年以前，我国长期资产价值的确认缺乏公允价值的信息，融合了大量的主观判断和估计结果。因此，管理层通过对长期资产减值准备的计提和转回，可以影响长期资产折旧或摊销，从而调整会计利润，进行盈余管理。例如，胡玮瑛等（2003）研究发现，微利公司存在大量一年以上的应收账款，却很少计提坏账准备，有效佐证了微利公司的盈余管理行为。赵春光（2006）证实，减值前亏损的上市公司为扭亏或进行大洗澡，会利用资产减值准备的计提和转回进行盈余管理；同时也发现，部分减值前盈利的上市公司为平滑利润或稳定盈余增长，也进行同样的盈余管理行为。

2006 年以后，会计准则改革①后取消存货的"后进先出法"，且"资产减值准备"在计提后不允许转回，同时要求母公司将控股的所有子公司纳入合并范围，从而有效限制了上市公司利用存货计价方法和资产减值准备进行盈余操纵，或是改变合并范围的盈余操纵，一定程度上降低了企业的应计盈余管理水平。然而研发支出由先前全部费用化改为有条件资本化，却为应计盈余管理提供了新思路。准则规定企业项目研发应区分研究阶段和开发阶段，前者投入全部费用化，后者满足条件予以资本化。然而，会计准则只规定了资本化的五个基本条件，却没有明确规定两阶段的划分标准，从而再次为管理者主观判断提供了空间。肖海莲和周美华（2012）对比 2006 年前后期数据，发现企业不仅从事削减研发支出的真实盈余管理行为，还调节研发

---

① 《企业会计准则》由财政部制定，于 2006 年 2 月 15 日财政部令第 33 号发布，自 2007 年 1 月 1 日起施行。我国企业会计准则体系包括基本准则与具体准则和应用指南。

支出资本化配比，影响应计盈余管理程度。谢德仁等（2014）发现，为增加薪酬辩护的筹码，经理人会通过研发支出资本化来正向盈余管理。张倩倩等（2017）发现，当资本化研发支出有较大可能性是用于盈余操纵时，研发支出资本化对公司下一期价值增值作用减弱。张子余等（2019）发现，高新技术企业资格认证的前一年，企业会更少将开发支出资本化，以此达到避税目的。

此外，折旧和摊销的政策变更通过影响当期费用额度，也可以达成应计盈余管理目标。于固定资产而言，管理层掌握固定资产使用寿命、折旧方法及预计净残值的自主确定权，可以借助固定资产折旧实现盈余管理目的。于无形资产而言，尽管多采用直线法，但摊销年限的确认也为盈余管理留出一定空间。

叶康涛（2006）研究发现，从会计利润和应税所得之间的差异，可以旁观管理层对非操纵应税项目损益的盈余管理行为，且将折旧方法变更划定为增加会计利润却不影响所得税费用的一类。然而，根据国家税务总局最新《关于企业所得税应纳税所得额若干问题的公告》（税总〔2014〕29 号）[1]的规定，当会计折旧年限短于税法折旧年限时，应调增当期应纳税所得额；当会计折旧年限长于税法折旧年限时，不进行纳税调整。以及同年 10 月，财政部与国家税务总局联合发布《关于完善固定资产加速折旧企业所得税政策的通知》（财税〔2014〕75 号）[2]、《关于固定资产加速折旧税收政策有关问题的公告》（税总〔2014〕64 号）[3] 的规定，利用折旧方法调整盈余会影响所得税成本，反过来也会影响企业应计盈余管理行为。陈秧秧（2016）探究了 2014 年的税收新政，发现新政实施后，折旧计提由主流的年限平均法转变为加速折旧法，从而调低当期盈余，为未来盈余的"储蓄"提供了证据支持。

针对应计盈余管理，江伟等（2015）研究了应计盈余管理影响成本粘性，使成本管理能力受损。黄等（Huang et al.，2017）发现，股票流动性

---

[1]　2014 年 5 月 23 日，国家税务总局发布《关于企业所得税应纳税所得额若干问题的公告》（税总〔2014〕29 号）。

[2]　2014 年 10 月 20 日，财政部和国家税务总局联合发布《关于完善固定资产加速折旧企业所得税政策的通知》（财税〔2014〕75 号）。

[3]　2014 年 11 月 14 日，国家税务总局发布《关于固定资产加速折旧税收政策有关问题的公告》（税总〔2014〕64 号）。

通过放大控制权转移风险和股权激励影响效果，增加了企业的应计盈余管理水平。然而，近年来针对应计盈余管理的研究锐减，更多的研究阐释了企业以真实盈余管理替代应计盈余管理的现状。科恩等（Cohen et al.，2008）发现，萨班斯法案出台后，企业逐渐以真实盈余管理替代应计盈余管理。臧（Zang，2012）证实，真实盈余管理与应计盈余管理间的替代关系，并指出盈余管理方式的选择是管理层权衡成本后的决策。伊皮诺和帕博内蒂（Ipino and Parbonetti，2017）研究发现，新版国际财务报告准则（IFRS）的强制实施，导致企业以真实盈余管理替代应计盈余管理，意外提高了企业的真实盈余管理水平。

2.3.1.2　真实盈余管理

随着会计法规和监管机构的严密布控，真实盈余管理逐渐取代应计盈余管理的主流地位。最早阐释真实盈余管理的是史基普（Schipper，1989），意指管理层通过目的性干预财务决策达到操纵盈余、赚取私人收益的目标。相对应计盈余管理，真实盈余管理具有两点突出差异：（1）企业不需要披露关于真实盈余管理的任何信息，分析师及外界投资者相对管理层存在严重的信息不对称，因此实施起来更加隐蔽。例如李春涛等（2016）研究发现，分析师追踪对真实盈余管理水平反而具有促进作用，足见其隐蔽性之高。（2）真实盈余管理偏离企业资源最优配置，增加了股价崩盘风险，提高了权益资本成本，对企业价值的长期折损效应更大，这一点在很多研究中都有论证（甘尼，2010；金和索恩，2013；弗朗西斯等，2016；兰吉塔和玛杜玛蒂，2019）。罗乔杜里（Roychowdhury，2006）首次将实证模型引入真实盈余管理的研究，发现异常低的可操纵性费用、价格折扣和超额生产皆可达成盈余操控目的，由此开创了真实盈余管理实证研究的先河。如今多数研究仍然延续此法，例如程等（Cheng et al.，2015）研究内部治理与真实盈余管理的关系，发现随着高管眼界的拓展及影响力的增加，真实盈余管理程度减弱。布拉姆等（Braam et al.，2015）以30个国家的上市公司组成研究样本，发现存在政治关联的上市公司更倾向于真实盈余管理行为。伊朗和欧斯克（Irani and Oesch，2016）研究证实管理层运用真实盈余管理强化短期业绩表现，迎合分析师预期。黄等（Huang et al.，2019）发现诉讼风险的增加会限制经理人披露乐观及误导性信息的能力，从而降低了真实盈余管理水平。总结而言，真实盈余管理实现手段主要包括价格折扣加速销售、增加产量降低销售成本、削减 R&D 及资产非正常销售等。以下将从两个方面具体阐释：

其一，借助日常经营活动。甘尼（Gunny，2005）依托预期模型检验企业 R&D 支出以及销售与管理费用发现，为追赶分析师盈余预测，管理层会削减酌量性费用提升盈利水平。随后，科恩和扎罗温（Cohen and Zarowin，2010）、吉和金（Ge and Kim，2014）也发现管理层会增大价格折扣、实行超额生产并降低可操控性费用来达成盈余目标。贝雷斯金（Bereskin et al.，2018）研究发现，相比其他目的削减研发支出，为达到盈余目标而削减研发支出的真实盈余管理行为，会降低专利产出的数量和质量，降低企业创新效率，副作用效果更大。耶尔文和迈利米基（Järvinen and Myllymäki，2015）发现内部控制存在重大缺陷的上市公司，倾向通过超额生产并降低可操控性费用的真实盈余管理行为来提升公司的业绩水平。以上研究均表明，在企业日常经营活动中，真实盈余管理可以通过销售操控（如放宽销售限制和信用条件、加大价格折扣等）、生产操控（如增产）及费用操控（如削减 R&D、广告及维修费）来实现。

其二，借助资产销售。巴托夫（Bartov，1993）发现盈余下降企业选择在第四季度销售资产以弥补盈余下降的亏空，旨在平滑盈余。赫尔曼等（Herrmann et al.，2003）发现日本上市公司管理层的盈余预测偏差和资产销售收入间存在负向关系，即管理层会通过销售固定资产和金融资产来缩小报告盈余与盈余预测的差距。白云霞等（2005）研究控制权转移公司，发现公司通过资产处置提高业绩，使其高于阈值。叶建芳等（2009）研究金融资产分类证据表明：归类为可供出售金融资产的部分，在存续期间可能为改变业绩下滑预势而被处置。德肖（Dechow et al.，2010）发现，季度股票交易多发生在季末最后一个月，尤其是最后五天，由此可以窥见真实盈余管理的蛛丝马迹。杨等（Young et al.，2013）发现美国财务会计准则（SFAS）第 151 号规定生效后，诱发了企业生产过量的机会主义行为。坎帕（Campa et al.，2019）发现在盈亏平衡点和上期盈余线附近，存在销售资产的真实盈余管理行为。

随着资本市场的发展，真实盈余管理实现途径增加。真实盈余管理还可以通过企业融资活动实现，比如股份回购、股权再融资、股票期权、其他融资工具（如套利和债转股）等（科恩等，2008；张敏和朱小平，2012）。与之相关，何瑛等（2016）研究发现公开市场股票回购在宣告阶段受到企业经营业绩的影响，而实施阶段受到股价与现金流水平的共同影响。赫巴等（Hribar et al.，2006）发现，公司为迎合分析师预期，通过股票回购管理EPS。本斯等（Bens et al.，2002）发现公司通过股票回购缓解员工股票期权对 EPS 的稀释效应。金布拉和路易斯（Kimbrough and Louis，2004）发现，公司通过选择授予股票期权，满足盈余调整需要。不仅如此，爱因霍恩（Einhorn et al.，2018）研究发现公司间的真实盈余管理行为，即公司管理层通过扭曲与产品竞争有关的真实交易来影响同行竞争公司的财务报告。

近年来，也有学者对真实盈余管理的负面影响提出质疑，认为部分真实盈余管理可能仅是有效的"商业行为"，并不会造成负面影响。例如，帕切科和惠特尔（Pacheco and Wheatley，2017）研究发现，当控制公司资产重组指标后，可操纵性费用的减少（真实盈余管理增加）反而与未来资产收益率及股票回报正相关；当控制未来销售增长时，过量生产也随着未来销售成本的提高而提高了销售收入。

但不可否认，销售操控、生产操控及费用操控与企业的经营活动密切相关，也最为常用，对经营利润的作用效果立竿见影。因此，本书主要考察日常经营活动中对这三部分的操控。

2.3.1.3 归类变更盈余管理

近年来，归类变更盈余管理在国内外盈余管理领域研究中获得越来越多的关注。不少研究将应计盈余管理、真实盈余管理和归类变更盈余管理归为盈余管理的三种手段展开研究（麦克维，2006；阿伯纳西等，2014；刘宝华等，2016）。由于非核心盈余具有不可持续性特征，投资者、券商分析师及监管机构等越发关注持续性强的核心盈余部分，因而诱导管理层进行归类变更盈余管理，以期达到分析师盈余预测目标或者满足投资者盈余预期。该手段常见的途径有两种：一种是将经常性费用归入营业外支出，或是将营业外收入归入营业收入；另一种是通过在非经常性损益表中选择性披露非经常性损益项目，例如尽量少披露非经常性收入而多披露非经常性损失。

麦克维（McVay，2006）研究发现，管理层存在将核心费用归类到特殊项目以强化核心盈余的机会主义倾向，使得未预期核心盈余与使得收入减少的特殊项目正向相关。进一步地，他发现当核心盈余估计模型中去掉应计利润时，上述正向关系消失。范等（Fan et al.，2010）在麦克维研究基础上进一步剔除特殊项目应计利润对估计模型的影响，发现归类变更盈余管理通常发生在第四季度，而不是中间季度，尤其发生在管理层应计盈余管理能力受到限制的时候。阿萨萨库等（Athanasakou et al.，2011）以英国公司为样本，发现通过归类变更盈余管理达到分析师盈余预期的上市公司的市场回报要低于实际达到的公司，说明市场反应与公司未来盈利能力一致。兆和法夫（Siu and Faff，2013）的研究首次发现管理者有动机在股票发行内容中调增核心盈余，达到引导投资者预期，提高发行溢价的目的。莱尔等（Lail et al.，2014）也发现由于委托代理问题的存在，管理层利用费用分配的模糊点，将核心费用转移到其他部分，从而强化核心盈余。约翰和张伯伦（Joo and Chamberlain，2017）发现公司治理机制强化能够明显抑制归类变更盈余管理行为，例如相关的公司治理改革，采用"四大"审计师事务所承担审计工作。李（Li，2017）补充发现，由于 SOX 法案提高了财务报告违规的诉讼风险并加大了处罚力度，从而抑制了管理层将经营性费用划入营业外支出的归类变更盈余管理行为。

我国的资本市场制度规则和发展阶段与西方存在较大差异，归类变更盈余管理在我国的存在及形态值得探讨。"非经常性损益"的概念首次出现在 1999 年发布的《公开发行股票上市公司信息披露的内容与格式准则第二号〈年度报告的内容与格式〉》[①] 中，而后经过反复修订，最终以 2008 年印发的《公开发行证券的公司信息披露解释性公告第 1 号——非经常性损益》[②]（修订过程详见附录 A）沿用至今。

实际上，"非经常性损益"的概念提出距今已经 20 多年的时间，随着"核心盈余"的概念被逐步强化，扣除非经常性损益后的净利润也逐步融入监管部门的监管内容中（涉及扣非后净利润的监管条款详见附录 B）。类似地，也有不少研究证实了归类变更盈余管理的存在性。例如，樊行健和郑珺（2009）研究指出，对于非经常性损益的研究应该由"数量观"向"项目观"过渡，暗指被研究者忽视的非经常性损益项目的"归类安排"行为。

---

① 1999 年 12 月 8 日中国证券监督管理委员会印发《公开发行股票公司信息披露的内容与格式准则第二号〈年度报告的内容与格式〉》。

② 2008 年 10 月 31 日印发《公开发行证券的公司信息披露解释性公告——非经常性损益》（证监会公告〔2008〕43 号），自 2008 年 12 月 1 日起实施。

现实中，企业经营活动复杂程度较高，导致经常性项目和非经常性项目间的界限较为模糊，增加了外部审计难度，也为管理层归类变更盈余管理行为留有余地。张子余和张天西（2012）发现了某些特殊微利公司将核心费用转入营业外支出的证据。周夏飞和魏炜（2015）发现归类变更盈余管理行为的两种途径，一是通过经常性项目和非经常性项目间的归类变更，二是通过非经常性损益的选择性披露进行隐瞒。李晓溪等（2015）发现公开增发前，管理层进行归类变更盈余管理行为虚增核心盈余，降低核心盈余持续性，使公司价值被高估，引发"核心盈余异象"。张友棠等（2019）证实异常审计费用的"经济租金"假说，发现异常审计收费降低审计师独立性，纵容了管理层归类变更盈余管理行为。马里科等（Malikov et al.，2018）研究英国上市公司，发现企业存在将营业外收入进行分类转移，以虚增营业收入的行为。张雪梅和陈娇娇（2018）发现股权质押前，控股股东的归类变更盈余管理行为能够扩大融资规模。叶康涛和臧文佼（2016）发现，中央"八项规定"之后，国企将消费性现金支出计入存货科目，躲避监督效应。谢德仁等（2019）发现管理层通过将经常性费用归入营业外支出，提高扣非净利润，达到股权激励业绩考核门槛。叶康涛和刘雨柔（2019）发现，《中央企业负责人经营业绩考核暂行办法》① 出台之后，央企主管通过归类变更盈余管理促进了高管薪酬提升。尽管2008年印发的规则规定了非经常性损益判断标准，但在我国现行的制度环境下，非经常性损益是监管内容，并非严格对应会计科目，仍然涉及大量主观判断。

另一种达成归类变更盈余管理的途径是选择性披露非经常性损益行为。不同于欧美国家，我国非经常性损益披露的监管政策要求企业在年报中单独列示非经常性损益项目及金额。然而利润表中的科目与非经常性损益项目并非一一对应（详见附录C），例如非经常性损益项目既可能与利润表的营业外收支、公允价值变动损益、投资收益、资产减值损失等科目相关，也可能与营业收入和营业成本相关。类似的，会计科目中的投资收益、资产减值损失等也可能包含了一些经常性项目，为归类变更盈余管理的存在提供了可能。倘若将计入营业外收入的政府补助，减半披露在非经常性损益部分，则

---

① 2006年12月，国资委通过《央企负责人经营业绩考核暂行办法》，对利润总额的核算范围进行了修改。根据新的规定，企业利润总额的计算需要扣除通过变卖企业主业优质资产等取得的非经常性收益。

直接提高了扣非后净利润，这种形式的归类变更盈余管理方式同样是审计的"真空地带"。在 2019 年 2 月新修订的《中国注册会计师审计准则第 1101 号——注册会计师的总体目标和审计工作的基本要求》[①] 中规定，注册会计师审计的总体目标之一便是识别由舞弊或错误导致的重大错报，并对财务报表是否在所有重大方面按照适用的财务报告编制基础编制发表审计意见。由于非经常性损益并非会计科目，也不在报表中体现，仅作表外披露。也就是说，注册会计师并不需要对非经常性损益部分担负审计责任。虽然证监会在《公开发行证券的公司信息披露解释性公告第 1 号——非经常性损益》[②] 中作出了规定"注册会计师出具审计报告或审核报告时，应对非经常性损益项目、金额和附注说明予以充分关注，并对公司披露的非经常性损益及其说明的真实性、准确性、完整性及合理性进行核实"。也就是说，注册会计师对非经常性损益项目的责任仅仅是"充分关注"，而非"审计"。这些事实都增加了上市公司实施非经常性损益归类变更的空间。

基于上述分析，从利润表到编制非经常性损益表的过程诱发了上市公司另一种归类变更，即在报告披露中尽可能少披露非经常性收益项目，并尽可能多地披露非经常性损失项目。例如，科林斯（Collins et al.，1997）发现，管理层在披露财务信息时，会强化偶发性损失，弱化偶发性利得，以强化核心盈余。戴伊（Dye，2002）发现，管理层通过租赁条款设计，有目的性将租赁业务归入经营性租赁或融资租赁。高雨和闫绪奇（2014）发现，证监会对扣非后净利润的披露要求，反而引发管理层的归类变更盈余管理行为，使得非核心盈余在营业收入中占比下降。麦克维（McVay，2006）实证结果表明，监管政策出台后，投资收益、补贴收入、营业外收入与其他业务利润等利润调增项目减少，而营业外支出等利润调减项目却增加，暗示公司在政策出台后存在归类变更盈余管理行为。

2.3.2　盈余管理的计量

目前，国内外关于应计盈余管理的计量方法主要可分为以下三种：总应

---

① 2019 年 2 月 20 日，中国注册会计师协会修订了《中国注册会计师审计准则第 1101 号——注册会计师的总体目标和审计工作的基本要求》等 18 项审计准则，于 2019 年 7 月 1 日起施行。

② 公开发行证券的公司信息披露解释性公告第 1 号——非经常性损益（证监会公告〔2008〕43 号，2008 年 10 月 31 日）。

计利润法、具体项目法和分布检测法。关于真实盈余管理的计量，则主要借鉴罗乔杜里（Roychowdhury，2006）的真实盈余管理计量模型。关于归类变更盈余管理的计量，主要借鉴麦克维（McVay，2006）的估计模型估计。

2.3.2.1 应计盈余管理的计量

（1）总应计利润法

总应计利润法又名应计利润分离法，是应计盈余管理常用计量方法之一。核心是在权责发生制的基础上，将企业报告盈余归类为经营性现金流量和应计利润两个模块（其中，应计利润可以视为对经营性现金流量的调整）。鉴于经营性现金流量的改变依赖于业务源头，需要耗费大量人力物力配合，故假定不可操纵。而应计利润模块却涉及主观判断，企业巧借会计政策、会计估计的变更，或调节业务确认时点，皆可达成盈余管理目标。然而权责发生制旨在调整交易试点和收付时点错配，因此剔除客观调整部分后才能真正反映企业盈余管理水平的是操纵性应计利润。总应计利润法的核心便是分离出操纵性应计利润。

对于应计利润的计量，国内外积累了丰富的研究经验。在 1985 年提出 Healy 模型后，众多学者基于该模型对总体应计利润模型进行更新和调整，其中以 DeAngelo 模型（德安杰洛，1986）、Jones 模型（琼斯，1991）、修正 Jones 模型（德豪和斯隆，1995）、DD 模型（德豪和迪切夫，2002）等为代表。

Healy 模型的提出为盈余管理的实证研究提供了可能，然后刻画过于简单，存在局限性。概况来看，它直接以平均总应计利润代表非操控性应计利润，没有具体区分操控性和非操控性部分。其模型如下：

$$\text{NDA}_{i,t} = \frac{1}{T} \sum_{t=1}^{T} \text{TA}_{i,t} \tag{2.1}$$

其中，$\text{NDA}_{i,t}$ 代表的是公司 i 在第 t 期的非操纵性应计利润；$\text{TA}_{i,t}$ 代表的是公司 i 在第 t 期的总应计利润。

DeAngelo 模型是 Healy 模型改进的结果，通过应计利润变动额表征操纵性应计利润。该模型是将前一年度应计利润总额拟作当年非操控性应计利润，差额视为操控性应计利润，拟定了非操控性应计利润的随机游走模型，也可视为 Healy 模型的特殊变形。其模型如下：

$$\text{NDA}_{i,t} = \text{TA}_{i,t-1} \tag{2.2}$$

其中，$\text{NDA}_{i,t}$代表的是公司 i 在第 t 期的非操纵性应计利润；$\text{TA}_{i,t-1}$代表的是公司 i 在第 t-1 期的总应计利润。

然而上述两种模型并未考虑企业特征的影响，如企业规模扩大会增加其应计利润项目额度。琼斯（Jones，1991）研究发现，应计利润项目受到固定资产规模和营业收入的影响。因此，Jones 模型将上述两个变量归入模型中，形式如下：

$$\frac{\text{NDA}_{i,t}}{A_{i,t-1}} = \propto_0 \frac{1}{A_{i,t-1}} + \propto_1 \frac{\Delta \text{REV}_{i,t}}{A_{i,t-1}} + \propto_2 \frac{\text{PPE}_{i,t}}{A_{i,t-1}} + \varepsilon_{i,t} \tag{2.3}$$

其中，$\Delta \text{REV}_{i,t}$代表公司 i 第 t 期和第 t-1 期主营业务收入的差额；$\text{PPE}_{i,t}$代表公司 i 第 t 期的固定资产；$A_{i,t-1}$代表公司 i 第 t-1 期期末总资产；$\propto_0$、$\propto_1$、$\propto_2$ 为公司特征参数。

Jones 模型虽将企业特征纳入考虑范围内，却没有包含收入和应收账款对非操纵性应计利润的影响。此外，德豪和斯隆（Dechow and Sloan，1995）研究结果表明，公司会借助应收账款来增加主营业务收入，实现盈余管理目标。因此，在 Jones 模型的基础上，进一步考虑应收账款这一影响因素，修正模型如下：

$$\frac{\text{NDA}_{i,t}}{A_{i,t-1}} = \propto_0 \frac{1}{A_{i,t-1}} + \propto_1 \frac{\Delta \text{REV}_{i,t} - \Delta \text{REC}_{i,t}}{A_{i,t-1}} + \propto_2 \frac{\text{PPE}_{i,t}}{A_{i,t-1}} + \varepsilon_{i,t} \tag{2.4}$$

其中，$\Delta \text{REC}_{i,t}$代表的是公司 i 第 t 期的应收账款与第 t-1 期的应收账款之差，其他变量定义同前。

陆建桥模型又称为扩展的截面 Jones 模型，是陆建桥（1999）对修正的 Jones 模型的进一步拓展。陆建桥模型进一步控制了无形资产和长期资产的影响，更加贴合我国实际情况，其模型如下：

$$\frac{\text{NDA}_{i,t}}{A_{i,t-1}} = \propto_0 \frac{1}{A_{i,t-1}} + \propto_1 \frac{\Delta \text{REV}_{i,t} - \Delta \text{REC}_{i,t}}{A_{i,t-1}} + \propto_2 \frac{\text{PPE}_{i,t}}{A_{i,t-1}} + \propto_3 \frac{\text{IA}_{i,t}}{A_{i,t-1}} + \varepsilon_{i,t}$$
$$\tag{2.5}$$

其中，$\text{IA}_{i,t}$代表的是公司 i 第 t 期的无形资产，其他变量定义同前。

此外，德豪和斯隆（Dechow and Sloan，1995）认为在相同行业中，非操纵性应计利润的影响因素相同，于是构建盈余管理的行业模型，若某公司非操控性应计利润较行业内参考公司中位数存在显著差异，则存在盈余管理。其模型如下：

$$\frac{NDA_{i,t}}{A_{i,t-1}} = \propto_0 + \propto_1 median \frac{TA_{i,t}}{A_{i,t-1}} + \varepsilon_{i,t} \tag{2.6}$$

其中，$median \dfrac{TA_{i,t}}{A_{i,t-1}}$ 代表的是在同一行业中全部公司 t 期总应计利润的中位数，并采用 t−1 期总资产对它进行量纲处理。

德豪和迪切夫（Dechow and Dichev，2002）提出 DD 模型，又称为现金流量 Jones 模型，旨在考察短期应计利润，即营运资本应计利润的变动与现金流的关系。主要思想是企业当期应计水平负相关于同期经营现金流量（CFO）而正相关于过去和未来的经营现金流量（CFO），因此要把连续三年的经营现金流量（CFO）加入琼斯模型。随后将模型分行业、分年度回归，用参数估计量估计正常应计水平，以残差表征盈余管理程度。具体模型如下：

$$\frac{NDA_{i,t}}{A_{i,t-1}} = \propto_0 \frac{1}{A_{i,t-1}} + \propto_1 \frac{CFO_{i,t-1}}{A_{i,t-1}} + \propto_2 \frac{CFO_{i,t}}{A_{i,t-1}} + \propto_3 \frac{CFO_{i,t+1}}{A_{i,t-1}} + \varepsilon_{i,t} \tag{2.7}$$

其中，$CFO_{i,t-1}$、$CFO_{i,t}$ 和 $CFO_{i,t+1}$ 为公司 i 第 t−1 期、t 期和 t+1 期经营活动现金流量净额。

McNichols 等（2002）在 DD 模型上做进一步改进，模型如下：

$$\frac{NDA_{i,t}}{A_{i,t-1}} = \propto_0 \frac{1}{A_{i,t-1}} + \propto_1 \frac{CFO_{i,t-1}}{A_{i,t-1}} + \propto_2 \frac{CFO_{i,t}}{A_{i,t-1}} + \propto_3 \frac{CFO_{i,t+1}}{A_{i,t-1}}$$
$$+ \propto_4 \frac{\Delta REV_{i,t} - \Delta REC_{i,t}}{A_{i,t-1}} + \propto_5 \frac{PPE_{i,t}}{A_{i,t-1}} + \varepsilon_{i,t} \tag{2.8}$$

随后，德豪等（Dechow et al.，2003）进一步提出前瞻性修正 Jones 模型。该模型主要考虑了以下三点：其一，赊销等政策营销活动对应收账款产生的影响应予以剔除，于是，以应收账款变动与主营业务收入变动间的斜率 k 为参数进行估计；其二，加入总应计利润的滞后项排除自相关问题的干扰；其三，考虑到存货对总应计利润的影响，模型中加入销售增长率这一解释变量。具体模型如下：

$$\frac{TA_{i,t}}{A_{i,t-1}} = \propto_0 \frac{(1+k)\Delta REV_{i,t} - \Delta REC_{i,t}}{A_{i,t-1}} + \propto_1 \frac{PPE_{i,t}}{A_{i,t-1}}$$
$$+ \propto_2 \frac{TA_{i,t-1}}{A_{i,t-1}} + \propto_3 \frac{GR\_REV_{i,t+1}}{A_{i,t-1}} + \varepsilon_{i,t} \tag{2.9}$$

其中，$GR\_REV_{i,t+1}$ 为销售收入增长率；k 为应收账款变动与主营业务收入变动间分行业、分年度回归的斜率。

此外，科塔里等（Kothari et al.，2005）融入企业总资产收益率这一业绩变量，建立业绩匹配模型。还有学者认为，线性模型不足以衡量盈余管理程度，鉴于会计稳健性对会计科目确认的要求不同，也就是说收入和利得的确认往往比费用和损失的确认更加严格，因此，应计利润和企业业绩的相关性存在非线性的可能。于是鲍尔和希瓦库马尔（Ball and Shivakumar，2006）提出分阶段模型解决非对称问题，这两种方法在文章中不作展开。

（2）具体项目法

总应计利润法在盈余管理计量方面较为简便，但仍有不足。具体项目法通过分析具体项目是否异常，鉴定企业是否存在盈余管理，该法一定程度上弥补了总应计利润法的不足。麦克尼科尔斯等（McNichols et al.，1988）最早运用具体项目模型研究企业坏账准备，发现企业通常通过坏账准备科目的调整来实现盈余管理的目的。比弗和恩格尔（Beaver and Engel，1996）发现，银行业通过调整贷款损失准备来实施盈余管理。彼得罗尼等（Petroni et al.，2000）发现，当公司的财务状况比较差时，就会调低索赔准备，加弗和帕特森（Gaver and Paterson，2000）也得到了类似结论。张等（Teoh et al.，1998）的研究则发现，在 IPO 类公司中，对于坏账准备及折旧政策更倾向于采用下调策略。

国内运用具体项目法的代表性研究是代冰彬等（2007）对资产减值计提动机的研究。路军伟和马威伟（2015）发现，出于扭亏动机或者对核心盈余的重视，上市公司倾向于借助投资收益下的非经常性损益进行盈余管理。顾署生和周冬华（2016）研究发现，上市公司对资产减值的计提和转回实际上包含了盈余管理行为，自会计准则对资产减值准备的转回明确禁止后，资产减值应计的可靠性明显提高。然而，在 CAS39 实施后，盈余管理路径向投资收益转移（潘孝珍和潘婉均，2018）。刘行健和刘昭（2014）发现内控制度与上市公司盈余管理行为借助的会计科目相关，内控良好的上市公司倾向于使用资产减值损失，而存在内控缺陷的上市公司更倾向于借助营业外收入。

总的来看，具体项目法仍然利弊参半。好处在于设计出的模型针对性强，噪音少，结论更加可靠；缺点在于，研究依赖于研究者丰富的经验和专业知识，能够对应计科目操纵把控准确，由于具体项目多在某部门或者小样本公司适用，因此推广难度大。

（3）分布检测法

除了上述两种方法之外，分布检测法（Distribution of Earnings After Management）也可以识别盈余管理行为。会计盈余可以借助某些特殊值，如上期盈余、分析师盈余预测、零点等会计盈余临界点（Threshold）揣摩公司盈余管理行为。临界点处，管理层盈余管理动机更强烈，本方法主要借助上市公司的盈余频率分布特征，通过临界点分布不连续在计量盈余管理。近年来，该方法得到一些研究人员的重视。关于分布检测法的使用，最早可以追溯到伯格斯塔赫勒和迪切夫（Burgstahler and Dichev，1997）的研究，主要借助直方图和描述性统计分析，发现美国约8%～12%的上市公司会选择盈余管理来挽救业绩下滑态势，约30%～40%的上市公司以此来避免亏损。德乔治等（Degeorge et al.，1999）通过直方图和概率密度函数，验证了公司依赖盈余管理来获得正利润、稳定业绩、迎合分析师预期。迈尔斯（Myers et al.，2007）研究发现为了增强股票收益增长稳健性，上市公司也有动机进行盈余管理。孙铮和王跃堂（1999）通过ROE直方图和Spearman秩相关分析发现，若微利企业存在配股现象和重亏现象，则通常存在盈余操纵情况。

分布检测法的优点比较明显，该法不需要将公司盈余分解，而是假设公司在没有盈余操纵的情况下盈余分布是光滑的，若公司的盈余分布在某个阈值或区间上不再光滑，即在阈值两侧的样本频数会具有明显差异，则说明在该处可能存在盈余操纵行为。但是，该方法不足之处在于无法量化盈余管理程度。

综上，应计盈余管理的计量方法主要分为总应计利润法、具体项目法和分布检测法三种，相互间取长补短，各有特点。但总的来看，具体项目法和分布检测法在盈余管理实证研究中应用受限，两者依赖于研究者主观判断且无法量化，而总应计利润法能够量化盈余管理程度，应用相对广泛。其中，修正的Jones模型最为典型。本书回归中关于应计盈余管理的计量也主要依赖于修正的Jones模型，并以陆建桥模型、DD模型和McNichols模型作为应计盈余管理的替代变量进行稳健性检验。

2.3.2.2 真实盈余管理的计量

目前，对于真实盈余管理的计量项目主要包括研发支出、销售及管理等费用支出、生产及存货销售、长期资产处置。

针对研发支出部分，佩里和格里纳克（Perry and Grinaker，1994）基于已有研究，拓展了预期模型来预测研发支出（R&D）的预期值，并推算出非预期值，发现非预期研发支出与非预期盈余间的线性关系，从而为公司通过研发支出进行真实盈余操控提供了有力证据。其估计模型如下：

$$\frac{R\&D_{i,t}}{S_{i,t}} = \alpha_i + \alpha_{1i}\frac{R\&D_{i,t-1}}{S_{i,t-1}} + \alpha_{2i}\frac{Fund_{i,t}}{S_{i,t}} + \alpha_{3i}\frac{CAP_{i,t}}{S_{i,t}} + \alpha_{4i}IR\&D_{i,t}$$

$$+ \alpha_{5i}ICAP_{i,t} + \alpha_{6i}\frac{GNP_t}{S_{i,t}} + \varepsilon_{i,t} \tag{2.10}$$

其中，$R\&D_{i,t}$ 指公司 i 第 t 期的研发支出，$S_{i,t}$ 指公司 i 第 t 期的销售收入，$Fund_{i,t}$ 指公司 i 第 t 期的息税前盈余加上研发支出和折旧费用，$CAP_{i,t}$ 指公司 i 第 t 期的资本性支出；$IR\&D_{i,t}$ 指公司 i 第 t 期研发支出占同行业公司总销售收入之比，$ICAP_{i,t}$ 指公司 i 第 t 期的资本支出占同行业公司总销售收入之比，GNP_t 指第 t 期国民生产总值。

此外，甘尼（Gunny，2010）提出了另一种预期模型来预测研发支出（R&D）。具体如下：

$$\frac{R\&D_t}{TA_{t-1}} = \alpha_0 + \alpha_1\frac{1}{TA_{t-1}} + \alpha_2\frac{R\&D_{t-1}}{TA_{t-1}} + \alpha_3\frac{IntFund_t}{TA_{t-1}} + \alpha_4 Q_t + \alpha_5 InMV_t + \varepsilon_t$$

$$\tag{2.11}$$

其中，TA_{t-1} 指 t−1 期总资产；$IntFund_t$ 指 t 期息税前盈余、R&D 和折旧费用之和；Q_t 指 t 期 Tobin Q 值，用公司价值除以资本重置成本；$InMV_t$ 指 t 期权益的市场价值的对数。

除了操控研发支出，管理层还可能操纵销售费用及管理费用。于是，甘尼（Gunny，2010）提出预测销售管理费用的模型，具体如下：

$$\frac{SGA_t}{TA_{t-1}} = \alpha_0 + \alpha_1\frac{1}{TA_{t-1}} + \alpha_2 InMV_t + \alpha_3 Q_t + \alpha_4\frac{IntFund_t}{TA_{t-1}}$$

$$+ \alpha_5\frac{\Delta S_{t-1}}{TA_{t-1}} + \alpha_6\frac{\Delta S_t}{TA_{t-1}} \times DD + \varepsilon_t \tag{2.12}$$

其中，SGA_t 指 t 期销售、管理及广告费用之和，ΔS_t 指 t 期销售收入的变化额，DD 是虚拟变量，如果本年度较上一年度销售收入下滑，则取值1，否则取值0。

因此，有学者认为，研发支出、销售、管理及广告费用之和共同构成总操纵性支出（罗乔杜里，2006）。具体模型如下：

$$\frac{DiscExp_t}{TA_{t-1}} = \beta_1 \frac{1}{TA_{t-1}} + \beta_2 \frac{S_t}{TA_{t-1}} + \varepsilon_t \qquad (2.13)$$

其中，$DiscExp_t$ 指 t 期总支出（包括研发支出和销售、管理及广告费用之和），其他变量同前。

以上三个模型皆是分年份、分行业估计出的残差模型，残差表示总操纵性支出。因而，残差越低，越表示公司通过减少研发支出或调减费用来进行真实盈余管理。

此外，罗乔杜里（Roychowdhury，2006）还进一步构造模型预测生产成本，具体模型如下：

$$\frac{ProdCost_t}{TA_{t-1}} = \alpha_1 \frac{1}{TA_{t-1}} + \alpha_2 \frac{S_t}{TA_{t-1}} + \alpha_3 \frac{\Delta S_t}{TA_{t-1}} + \alpha_4 \frac{\Delta S_{t-1}}{TA_{t-1}} + \varepsilon_t \qquad (2.14)$$

其中，$ProdCost_t$ 指 t 期生产成本，为销售成本与存货之和；TA_{t-1} 指 t－1 期总资产；S_t 指 t 期销售收入；ΔS_t 指 t 期销售收入的变化。从而，分行业、分年度估计出正常生产成本，与实际值做差，得到操控性生产成本。当公司操控性生产成本过高时，表示管理层很可能利用价格折扣或扩大产量进行了盈余管理。价格折扣会正向影响销售成本，生产过量会正向影响存货，因此，操控性生产成本越高，管理层盈余管理的可能性越大。

罗乔杜里（Roychowdhury，2006）还提出预测经营活动现金流的模型，具体模型如下：

$$\frac{CFO_t}{TA_{t-1}} = \alpha_0 + \alpha_1 \frac{1}{TA_{t-1}} + \alpha_2 \frac{S_t}{TA_{t-1}} + \alpha_3 \frac{\Delta S_t}{TA_{t-1}} + \varepsilon_t \qquad (2.15)$$

其中，CFO_t 指 t 期经营活动现金流量净额，其他变量释义同前。

除了上述盈余管理途径，甘尼（Gunny，2010）对盈余管理动机细化并发现，企业可以通过固定资产处置、无形资产转让等途径，增加长期资产处置收益。由此，构建如下模型：

$$\frac{Gain_t}{TA_{t-1}} = \alpha_0 + \alpha_1 \frac{1}{TA_{t-1}} + \alpha_2 InMV_t + \alpha_3 Q_t + \alpha_4 \frac{IntFund_t}{TA_{t-1}}$$

$$+ \alpha_5 \frac{AssetSale_t}{TA_{t-1}} + \alpha_6 \frac{InvSale_t}{TA_{t-1}} + \varepsilon_t \qquad (2.16)$$

其中，$Gain_t$ 指 t 期长期资产处置收益之和，$InMV_t$ 指 t 期股东权益市场价值的对数，$AssetSale_t$ 指 t 期长期资产处置收益；$InvSale_t$ 指 t 期投资的出售收入。

综上所述，真实盈余管理主要通过有目的性的干预真实生产经营或投融资活动实现。识别真实盈余管理，首先要关注某项活动是否为盈余管理手段（例如股票回购），赫巴（Hribar et al.，2006）发现那些无法达到分析师盈余预测水平的公司更倾向于通过股票回购增加盈余。然后，要重点关注某项活动是否会引发盈余管理（例如股票期权）。麦克阿纳利等（McAnally et al.，2008）发现，当公司无法达到盈余目标（表现为亏损、盈余下滑、无法达到分析师预测水平等）时，更容易授予股票期权，这表明管理层会操纵盈余来选择授予股权期权的时点。研究者惯用比较某项活动前后的盈余差异来推测盈余管理行为。

2.3.2.3 归类变更盈余管理的计量

本书借鉴麦克维（McVay，2006）的模型预测核心利润，并参考 Jones 模型将核心利润中的预期和未预期部分进行区分。具体模型如下：

$$CE_t = \beta_0 + \beta_1 CE_{t-1} + \beta_2 ATO_t + \beta_3 Accruals_t + \beta_4 Accruals_{t-1}$$
$$+ \beta_5 \Delta Sales_t + \beta_6 Neg\Delta Sales_t + \varepsilon_t \tag{2.17}$$

$$\Delta CE_t = \beta_0 + \beta_1 CE_{t-1} + \beta_2 \Delta CE_{t-1} + \beta_3 \Delta ATO_t + \beta_4 Accruals_t$$
$$+ \beta_5 Accruals_{t-1} + \beta_6 \Delta Sales_t + \beta_7 Neg\Delta Sales_t + \varepsilon_t \tag{2.18}$$

模型（2.17）和模型（2.18）中，CE_t 为核心盈余，等于第 t 期净利润与非经常性损益之差，并采用上年营业收入平滑，ΔCE_t 为核心盈余的变化值。由于核心盈余的持续性特征，故对滞后一期的核心盈余作为控制变量。ATO_t 为第 t 期总资产周转率。以往学者发现，应计盈余管理增加使得当期业绩同方向偏离（斯隆，1996），于是将第 t 期核心应计盈余 $Accruals_t$ 及其第 t-1 期核心应计盈余 $Accruals_{t-1}$ 归入模型，核心应计盈余由核心盈余扣除经营活动现金净流量得到。$\Delta Sales_t$ 为第 t 期营业收入增长率，$Neg\Delta Sales_t$ 较为特殊，当 $\Delta Sales_t$ 小于 0 时，其值同 $\Delta Sales_t$；当 $\Delta Sales_t$ 大于 0 时，其值为 0。营业收入上升带来的成本变化大于其下降相同幅度带来的成本变化，$Neg\Delta Sales_t$ 恰好刻画了这种差异。

对模型（2.17）做回归，得到核心盈余（CE_t）的估计值，即预期核心盈余，真实核心盈余与预期核心盈余的差额即未预期核心盈余，记为 UN_CE_t。同理，对模型（2.18）做回归，得到核心盈余变化（ΔCE_t）的估计值，将其作为预期核心盈余变化，真实核心盈余变化与预期核心盈余变化的差额作为未预期核心盈余变化，记为 $UN\_\Delta CE_t$。

2.4　外部不确定性的相关研究综述

当前我国推动高质量发展，全面建设现代化经济体系的总体发展任务，正不断倒逼着社会各界对政府和市场关系进行重新认识。党的十八届三中全会通过的《中共中央关于全面深化改革若干重大问题的决定》[①] 将市场在资源配置中的"基础性作用"修改为"决定性作用"，并首次提出"使市场在资源配置中起决定性作用和更好发挥政府作用"。强调"使市场在资源配置中起决定性作用"和"更好发挥政府作用"并重，是中国特色社会主义政治经济学理论的内核和精髓，也是习近平新时代中国特色社会主义思想的重要组成部分。宏观层面，中国的市场经济改革离不开宏观政策的积极作用，而宏观经济政策的不确定性极有可能左右市场化改革的进程，严重影响微观主体行为；微观层面，由于客户、供应商、竞争者等利益相关群体行为的不可预测性，企业经营环境的不确定性增加，进而影响企业行为。因此，本书沿此思路对相关文献进行梳理如下。

2.4.1　经济政策不确定性与企业行为

2008 年金融危机过后，经济政策不确定性成为阻碍世界主要经济体复苏的主要原因之一，也掀起了国内外的研究热潮。研究发现，经济政策不确定性会加剧股价波动，会造成国防、医疗、基础设施建设等政策敏感性行业投资和就业锐减（贝克等，2016）。从目前国内外的研究看，由美国西北大学、斯坦福大学和芝加哥大学的三位教授共同开发的"经济政策不确定性

---

① 《中共中央关于全面深化改革若干重大问题的决定》（下称《决定》）是为了贯彻落实党的十八大关于全面深化改革的战略部署，在十八届中央委员会第三次全体会议上对全面深化改革的若干重大问题作出的研究决定。

指数"（Economic Policy Uncertainty Index，EPU 指数）成为衡量经济政策不确定性的主要指标。其中，关于中国经济政策不确定性指数大多通过统计《南华早报》中与经济政策不确定有关的文章频率来计算。现有研究经济政策不确定性对企业行为的影响主要从财务决策和公司治理两个方面展开。

2.4.1.1　经济政策不确定性与企业财务决策

从影响机理来看，经济政策不确定性提高加剧了企业外部环境的复杂性和不确定性，使得企业各项财务决策趋于保守。具体到企业投融资领域，可能表现出明显的抑制作用，不少研究也证明了这一点。在融资行为方面，王化成等（2016）发现，经济政策不确定性与企业的商业信用规模负相关。陈胜蓝和刘晓玲（2018）发现，经济政策不确定性会使企业减少商业信用供给，缩短商业信用供给期限。蒋腾等（2018）发现，经济政策不确定性提高会显著降低企业的银行贷款水平。在投资行为方面，大量研究证实了经济政策不确定性与企业投资的负向关系，提醒政府关注频繁的经济政策变动对企业投资的负面影响（王等，2014；古伦和伊翁，2015；李凤羽和杨墨竹，2015）。饶品贵等（2017）深入研究发现，虽然经济政策不确定性提高导致企业投资显著下降，但由于此时企业投资更加考虑经济因素，投资效率反而提高。张成思和刘贯春（2018）以非金融公司季度数据为样本，也发现经济政策不确定性会导致企业固定资产投资下降。那么中国经济是否正在"脱实向虚"，彭俞超等（2018）研究发现，经济政策不确定性与企业金融化负向关联，侧面反映出中国企业金融化是利益驱动，而非预防性储蓄。区别于传统投资，经济政策不确定性对企业研发方面也产生重要影响。顾夏铭等（2018）发现，经济政策不确定性对企业创新投资存在激励效应，能够促进 R&D 投入和专利申请量。沈毅等（2019）补充发现，经济政策不确定性降低了企业的创新效率。然而也有研究得到相反的结论，如郭华等（2016）证明经济政策不确定性会抑制企业研发投入。亚琨等（2018）发现，经济政策不确定性加剧了企业金融资产配置对企业创新领域投入的挤出效应。张峰等（2019）验证企业是否会在经济政策不确定时"主动求变"，发现经济政策不确定性会降低产品创新，却对服务业务具有促进效应。经济政策不确定性还会影响企业现金持有。王红建等（2014）研究发现，出于预防性动机，经济政策不确定性高时企业会增加现金持有，然而代理问题的存在降低了现金的边际价值。张永冀和孟庆斌（2016）发现，预期通货膨胀上升会令企业调整资产结构，减少金融资产，增加经营资产。李凤羽和史永东（2016）发现，企业增持现金以应对经济政策不确定性的证据，同时发现企业牺牲部分投资机会作为机会成本。此外，陈胜蓝和王可心（2017）发现，当经济政策不确定性高时，高管会积极自愿地发布业绩预告，且预告区间也更加精确，以此稳定投资者对公司业绩前景的评估。陈胜蓝和李占婷（2017）考察发现，中国 EPU 指数越高，分析师越趋于保守，分析师越倾向于负向修正盈余预测。

2.4.1.2　经济政策不确定性与公司治理

饶品贵和徐子慧（2017）研究发现，外部经济政策不确定性高时，企业会降低高管变更概率作为一种风险对冲策略，且继任高管更可能来自内部选聘。刘志远等（2017）发现，非国有企业敢于在经济政策不确定性中把握机遇，提高风险承担水平，"机遇预期效应"正在我国发挥积极效应。张慧等（2018）发现，经济政策不确定性水平高时，企业往往产生良好市场预期，倾向作出"延迟退出"决策。

2.4.2　环境不确定性与企业行为

泰斯（Teece et al.，1997）将资源基础观延伸到动态环境背景下，认为企业必须不断调适、更新、重构、再造其资源与能力，比竞争者更能适应环境变化，才能有生存空间。环境不确定性通常涵盖三个维度——动态性、复杂性和敌对性，分别指代预期行业未来的难度加大，行业信息获取能力下降以及同行竞争形势更加严峻。如萨赫尔瓦尔等（Sabherwal et al.，2019）研究发现，战略性信息技术联盟（Strategic Information Technoloyy Alliance，SITA）对企业绩效的作用受到环境不确定性的影响，在动态、复杂和敌对的环境下，SITA 能够强化信息技术投资对企业绩效的正面影响；在静态、简单和友好的环境下，SITA 则会弱化信息技术投资对企业绩效的正面影响。以往研究发现，环境不确定性改变了企业面临的竞争挑战格局（舍勒和罗斯，1990），重创了高管既有的判断和决策（波特，1985）。

一些研究聚焦在环境不确定性因素的直接作用。首先，环境不确定性会影响企业投资及投资效率，例如阿米胡德和列夫（Amihud and Lev，1981）认为，环境不确定性越高，越容易造成企业投资不足。萨尔卡尔（Sarkar，2000）指出，环境不确定性扩大了一些低风险项目的投资规模。鲍姆（Baum et al.，2006）和申慧慧等（2012）指出，环境不确定性越高，企业的投资效率越低。其次，环境不确定性还会影响盈余质量。麦钱特（Merchant，1990）、戈尔什和奥尔森（Golsh and Olsen，2009）均发现，环境不确定性加剧企业盈余管理程度。申慧慧（2010）证实，处于衰退期的公司，环境不确定性与盈余管理相关性更强。再次，环境不确定性还影响审计意见和审计收费。伦诺克斯和皮特曼（Lennox and Pittman，2010）认为，风险评估水平越高，审计师越可能出具非标准审计意见的报告。国内的研究也得到类似结论，认为环境不确定性提高了企业审计费用，增加了企业收到非标准审计报告的可能性（申慧慧，2010）。此外，环境不确定性还会影响企业资本成本。康明斯和尼曼（Cummins and Nyman，2004）研究表明，环境不确定性会提高企业的债务融资成本。林钟高等（2015）发现，微观环境不确定性在转型经济环境下会加深企业与外部投资者间的信息不对称程度，导致企业资本成本升高。不仅如此，周晓苏等（2016）证明环境不确定性会加剧公司股价崩盘风险，而高财务报告透明度能够降低环境不确定性对股价暴跌风险的影响，且随着环境不确定性的增加，财务报告透明度呈现先下降，后升高的趋势。最后，环境不确定性与企业创新也存在关联。袁建国等（2015）发现，环境不确定性与企业技术创新之间存在"U 型"关系。刘婧等（2019）却发现环境不确定性与企业创新投入间的"倒 U 型"关系。因此，管理层会通过应计盈余管理降低环境不确定性对企业的影响（戈尔什和奥尔森，2009）。

　　一些研究则聚焦于环境不确定性因素的调节作用。例如沃尔德曼等（Waldman et al.，2001）发现，CEO 领导力对企业绩效的贡献受到环境不确定性的调节，CEO 的个人魅力仅在环境不确定的情况下才发挥作用。林和杨（Lam and Yeung，2010）发现，员工本地化对企业绩效的贡献存在拐点，拐点之后呈现负面效应，且会随着环境不确定性的升高而被放大。牛建波和赵静（2012）从复杂性和动态性两个层面分析了环境不确定性，并发现环境不确定性强化了信息成本对独立董事溢价的影响作用。谢盛纹（2014）发现，环境不确定性越高，CEO 权力和公司盈余管理间的正向关系越显著。李伟（2015）发现，环境不确定性能够强化上期会计稳健性与当期审计风险的负向关系。陈峻等（2016）发现，企业面临较高的环境不确定性时，良好的社会责任表现意味着更多的盈余管理可能，审计师会相应提高审计收费幅度。陈等（Chen et al.，2019）基于高层阶梯理论，验证了CEO变革型领导在高技术不确定性与低需求不确定相结合的情境下对企业绩效的负面影响最大。

2.5 文献述评

整体而言，已有的研究文献对股权质押、外部不确定性和盈余管理各自领域均在不断地深化及拓展中，也相继取得了阶段性硕果，为本书的研究思路和研究方法上提供了宝贵经验。然而，通过文献梳理和总结，我们发现可能仍然有继续突破的空间，以此深化对存在股权质押企业盈余管理行为的理解。具体可划分为几下几点：

第一，缺乏对归类变更盈余管理的研究。尽管目前围绕着股权质押与应计盈余管理和真实盈余管理的研究硕果累累（黄志忠和韩湘云，2014；王斌和宋春霞，2015；黄和薛，2016；谢德仁和廖珂，2018；李常青和幸伟，2018；辛格，2018）。而只有张雪梅和陈娇娇（2018）发现在质权人监督和融资需求的双重压力下，控股股东质押前会进行向上分类转移盈余管理增加筹资金额。目前仍未有研究涉及股权质押后的归类变更盈余管理手段。其实，归类变更盈余管理也是企业的一种市值管理动机下的盈余管理手段。本书有效弥补了现有研究的不足，试图打开企业盈余管理的"黑箱"。

第二，缺乏对盈余管理选择偏好的研究。本书在现有研究的基础上深耕下去，发现企业不仅仅依托单一盈余管理手段，某种盈余管理程度的减少，并不代表盈余质量的提升，而可能是管理层对某种盈余管理选择偏好发生变化。其实，已经有部分研究将应计盈余管理、真实盈余管理和归类变更盈余管理归为盈余管理的三种手段展开（麦克维，2006；阿伯纳西等，2014；刘宝华等，2016），但研究均未涉及股权质押。本书基于前人的研究方法，梳理现有研究结论，更加深入地研究存在股权质押企业在盈余管理上的选择偏好，致力于弥补该领域的研究空缺。

第三，缺乏对外部不确定性因素的考虑。现有研究股东股权质押对企业行为影响的相关文献均默认企业处于静态环境中，缺乏对外部不确定性因素的考虑。本书根据选题，通过梳理现有关于股权质押与企业市值管理行为的相关文献发现，无论是对企业信息披露（李常青和幸伟，2017；黎来芳和陈占燎，2018；钱爱民和张晨宇，2018）、盈余管理（黄志忠和韩湘云，2014；王斌和宋春霞，2015；黄和薛，2016；谢德仁等，2017；谢德仁和廖珂，2018；李常青和幸伟，2018；辛格，2018）、股利政策（何平林等，2018；黄登仕等，2018；廖珂等，2018；宋岩和宋爽，2019），还是税收规避（王雄元等，2018；宋霞等，2019），尚未有研究将外部不确定因素考虑其中。因此，本书有效地将外部不确定性因素补充到现有的研究框架中。

2.6　本 章 小 结

本章介绍了本书的理论基础和文献综述。在理论基础部分，本书先后引入了委托代理理论、融资约束理论和静态权衡理论、信息不对称理论和资源依赖理论，并对理论在本书研究情境中的适用性进行解释说明。随后，本章主要从股权质押、盈余管理和外部不确定性三个方面对现有文献进行梳理。在股权质押方面，本书从股权质押的动因、市值管理行为及其经济后果三个维度进行文献回顾，说明存在股权质押的上市公司，为了降低股权质押风险，有强烈的市值管理动机，其中盈余管理是最常用的市值管理手段。在盈余管理方面，本书阐释了盈余管理三种主要手段以及相应计量方法，为后面的实证检验奠定基础。在外部不确定性因素方面，本书依次梳理了经济政策不确定性及环境不确定性对企业行为的影响的相关研究，为后面第 5 章至第 6 章关于外部不确定性因素对股权质押与盈余管理关系的调节作用的实证检验埋下伏笔。

第3章 制度背景与作用机理

3.1 我国股权质押发展脉络

3.1.1 股权质押的兴起

股权质押，又称为股权质权，通常指出质人将其持有的股权作为质押品，质押给银行、券商及其他金融机构以获得融通资金的一种债务融资途径。股权质押作为权利质押的一种途径，在大多数国家有关担保的法律制度中皆可以找到根源。股权质押的过程主要涉及两个主体——出质方和质权方。出质方（通常是控股股东）将其所持有的股权作为质押标的物，质押给质权方（通常为银行、券商、保险公司等金融机构），按照市值折算，获得一定比例融资贷款，并承诺在到期后（通常是一年）还款以解压股权或者申请展期。由于二级市场上的股价波动，质权方（金融机构）为进一步降低借款风险，会设立预警线，当股价跌破预警线时，出质方需要补足资金差额或者质押更多的股票给金融机构。若股价持续下跌，跌破平仓线，则金融机构有权强行平仓，以此抵偿债务。具体过程如图 3.1 所示。

质押担保在我国由来已久，最早在 1995 年第八届全国人民代表大会上通过的《中华人民共和国担保法》（以下简称《担保法》）① 中第七十五条

---

① 1995 年 6 月 30 日第八届全国人民代表大会常务委员会第十四次会议通过，1995 年 6 月 30 日中华人民共和国主席令第五十号公布，自 1995 年 10 月 1 日起施行。

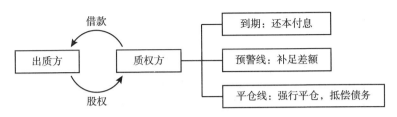

图 3.1　股权质押概念

第（二）项规定"依法可以转让的股份、股票"可以作为权利进行质押，该《担保法》一直沿用至今，因此也相应确立了股权质押在中国的合法地位。根据《担保法》相关规定，出质方以可以依法转让的股票出质的，出质方与质权方应订立书面合同，并向证券登记机构办理出质登记，自登记日起生效；出质方以有限责任公司的股份出质的，适用公司法股份转让的有关规定，自股份出质记载于股东名册之日起生效。随后，商务部在 1997 年 5 月印发《关于外商投资企业投资者股权变更的若干规定》①，规定经其他投资者同意，缴付出资的投资者可以依据《担保法》的有关规定，通过签订质押合同并经审批机关批准将其已缴付出资部分形成的股权质押给质权人。为了满足企业融资需要，中国人民银行和中国证监会于 2000 年 2 月联合印发《证券公司股票质押贷款管理办法》②，明确规定了股权质押贷款期限上限为 6 个月，且不得展期。贷款利率参考同类型商业贷款利率，上浮不超过 20%，下浮不超过 10%。此外，设立预警线及平仓线，预警线为贷款本金的 130%，平仓线为贷款本金的 120%。

　　为进一步规范股权质押贷款业务，防范金融风险，2004 年 11 月中国人民银行、证监会、银监会联合发布《证券公司股票质押贷款管理办法》（以下简称《办法》）③，并宣布废止原《办法》。新《办法》增加了上市公司可转换债券可作为质押物的规定，将股票质押贷款期限由原来最长 6 个月延长至最长为 1 年，并规定股票质押率上限为 60%，规定了借款用途，即弥补流动性资金不足。同时，将预警线标准由 130% 升至 135%。此外，为了强

---

① 1997 年 5 月 28 日，商务部印发《外商投资企业投资者股权变更的若干规定》。
② 2002 年 2 月 2 日，中国人民银行、中国证监会制定了《证券公司股票质押贷款管理办法》。
③ 2004 年 11 月 2 日，中国人民银行、中国银行业监督管理委员会、中国证券监督管理委员会联合发布《证券公司股票质押贷款管理办法》（银发〔2004〕256 号）。

化对上市公司国有股质押的管理，进一步规范国有股东行为，财政部于2001 年印发了《关于上市公司国有股质押有关问题的通知》，该通知对国有股东股权质押的时间、比例、用途、风险等方面均进行了严格要求。此后，在 2007 年 10 月实施的《中华人民共和国物权法》（以下简称《物权法》）①再次肯定了股权质押的合法地位。《物权法》第二百二十三条规定，"可以转让的基金份额、股权"可以作为权利质押。

关于股权质押的法律和制度的订立，有效地保障了借贷双方的合法权益，维护了资本市场的公平和秩序，标志着股权质押在资本市场上逐步兴起。

股权质押与股权转让既有联系又有区别。股权质押本质上是一种担保行为，是控股股东对其履行债务契约的一种担保。当被担保人无法按期如约履行债务时，质权人有权按照拍卖程序处理股权，用于偿债。股权转让是指控股股东有偿转让其持有的部分或全部股权的财务行为，属于股东自身的财产处置行为，无任何担保表示。控股股东股权质押需在工商行政管理局进行质押登记，因此，解除质押前的股权不能转让。

股权转让进行的前提是股权交易市场的有效性，从而使得交易双方能够依靠公开信息合理估值，最终达成公允价格。因此，对于上市公司而言，股票交易市场的存在可以为转让双方提供一个公开竞价交易的平台；但对于非上市公司而言，股权转让尽管可以依托于现存的产权交易市场，亦可归属于场外挂牌交易（OTC）。但由于交易价格不公、竞价不透明等原因，时常使得买方面临人为的"市场准入规则"，暗箱操作严重助长了"内幕交易""股权定向交易"的嚣张气焰，阻碍了市场交易的有效性。除了要面临交易市场的非效率特征，转让股权的股东还要接受丧失控制权的事实。尽管有可能存在的"转让溢价"可以稍微填补股东的心理落差，但控股股东本身无论是主动还是被动，都不希望丧失其至高无上的控制权。于是，控股股东时常深陷弥补资金缺口和维护自身控制权的两难境地。股权质押的出现，使得控股股东的困境迎刃而解。对于控股股东而言，股权质押区别于股权转让最大的优势在于既能够维护控制权不发生转移，又能盘活"经济存量"。

关于股权质押概念及参与各方行为规范随着各项法律法规和规章制度的

---

① 2007 年 3 月 16 日，第十届全国人民代表大会第五次会议通过。2007 年 3 月 16 日中华人民共和国主席令第六十二号公布，自 2007 年 10 月 1 日起施行。

制定及完善而逐步深入人心，有效地保障了借贷双方的合法权益，维护了资本市场的公平和秩序，标志着股权质押在资本市场上的逐步兴起。

3.1.2　股权质押的发展

2013 年 5 月，中国证券监督管理委员会（以下简称"中国证监会"）、上海证券交易所（以下简称"上交所"）和中国证券登记结算有限责任公司（以下简称"中国结算"）共同议定制定了《股票质押式回购交易及登记结算业务办法（试行）》[①]（以下简称《办法》），旨在维护市场秩序，保障交易各方的合法权益。该《办法》在规范股票质押式回购交易的同时，也促进了股票质押式回购业务的蓬勃发展。股票质押回购，是指资金融入方将持有的股票（或其他证券）质押给资金融出方融资，并约定时间返还本息以解除质押交易。上证所和深交所在 2013 年 6 月正式启动该业务，国泰君安等 9 家券商首批获得试点资格，该业务在启动日融资便高达 17 亿元。在此之后，股票质押式回购业务在我国蓬勃发展。据统计[②]，2013～2018 年股票质押回购业务规模分别达到 840 亿元、3 370 亿元、6 940 亿元、12 840 亿元、16 000 亿元、20 010 亿元，质押回购规模年年攀升，如图 3.2 所示。

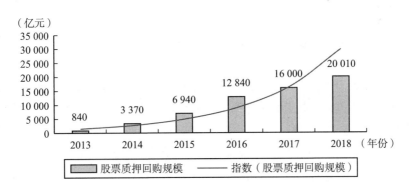

图 3.2　股票质押回购规模

---

① 2013 年 5 月 24 日，上海证券交易所与中国证券登记结算有限责任公司共同制定了《股票质押式回购交易及登记结算业务办法（试行）》。
② 资料来源：Wind 数据库。

股权质押回购交易旨在重点帮扶中小企业、创业型企业解决资金困难问题，大多数情况是控股股东作为出质方，出于企业经营用途融资，本质在于服务实体经济。通常，沪深交易所指代的股票质押式回购是场内交易。具体操作包括：首先，符合规定条件的资金融入方将股票或其他证券质押并获得资金融出方的资金；随后，证券公司根据资金融入方和资金融出方的委托向沪深交易所的股票质押回购交易系统（以下简称"交易系统"）进行交易申报；最后，由中国证券结算登记责任有限公司为业务提供证券质押登记和清算交收等服务。该业务已经标准化，具体流程如图 3.3 所示。

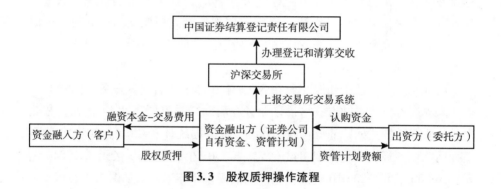

图 3.3　股权质押操作流程

银行本应在质权人中占有很大比例，但随着股权质押回购业务的开展，银行逐渐丧失主体地位。从图 3.4 和图 3.5 中的统计数据可以看出，银行作为质权人的占比越来越低，从 2008 年的 72.16% 下降到 2017 年的 18.73%，2018 年小幅回升。而充当质权人角色的主要是证券公司、信托公司和资产管理公司。其中，信托公司在 2012 年以前增长势头明显，此后一直处于下滑状态；证券公司在 2012 年以后接替信托公司，成为股权质押重要的质权方，这与《股票质押式回购交易及登记结算业务办法（试行）》的出台密不可分，自此之后，券商在股权质押中扮演重要的角色。

2013 年后，股票质押式回购业务受到社会各界追捧，得益于长达 3 年的回购期限，便捷的流程，且不存在过户或交税等问题，质押回购业务获得大量券商青睐，该业务利息收入对营业收入的贡献甚至高达 20%。

图 3.4 质权人为银行的占比趋势

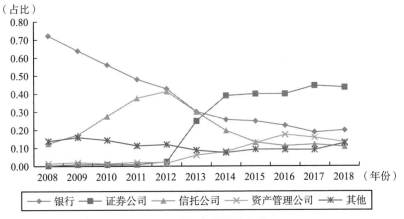

图 3.5 质权方类型及占比

3.1.3 股权质押的危机

股票质押业务自推出以来，发展十分迅速，如今已成为市场上司空见惯的融资途径。股权质押不同于传统意义上的贷款，为了预留出安全边际，券商会预先设定预警线和平仓线，谨防股价波动造成违约。2017年初以来，随着股市接连下跌，股票市值缩水，股票质押业务流动性危机频现，上市公司股权质押平仓公告数量激增，股权质押业务几乎成为烫手山芋，让关联方惶恐不已。A股上市公司的股票质押问题，迅速成为重要的监控风险点，2017年也无疑成为股权质押的转折年。

股票质押风险的产生，主要源于股价波动的冲击，同时也折射出资本市场上股东高比例质押且资金融出方风险意识差的情况。具体原因有以下几点：第一，2017 年后，两市股价出现大幅波动，半数以上股票跌幅突破30%，更有约14%的股票跌破50%。这种剧烈波动严重威胁到了股权质押的资金融出方的利益，打破了股权质押平衡，然而资金融入方未能及时追加资金或者补充质押，于是造成了 2018 年违约较上年增加 105 亿元。第二，资金融入方没有能力追加资金或者补充质押也是原因所在。根据案例来看，选择股权质押的股东大多数是缺乏其他的融资渠道的民营企业股东，不得已采用高比例质押股权融资，显然，对于这部分股东而言，在股价下跌的压力下，他们并没有补充质押或追加款项的能力，从而造成违约的事实。据统计数据显示①，2018 年申报违约处置的 82 家企业，民企占比 82.9%，其中有70 家（占比约85.4%）企业质押股权比例超过持股数的80%。第三，证券公司风险防范意识不强，避险措施不力。在"减持新规"出台后，出资方平仓能力受限，原有的避险措施无法达成，"减持新规"的出台对质押率下降作用力度不强，无法覆盖流动性风险，因此，随着股价跌幅增大而累积了大量的违约。

为了维护市场运行稳健性，强化减持监管，2017 年 5 月下旬，中国证券监督管理委员会发布《上市公司股东、董监高减持股份的若干规定》②。随后，上海证券交易所和深圳证券交易所分别配套发布《上海证券交易所上市公司股东及董事、监事、高级管理人员减持股份实施细则》③ 和《深圳证券交易所上市公司股东及董事、监事、高级管理人员减持股份实施细则》④。上述三份文件简称"减持新规"，通过对减持数量、信息披露和不得减持情形的严格规定，限制大股东通过大宗交易减持、"清仓式"减持或通过辞职减持等乱象，引导大股东合规减持。2018 年初，"股票质押新规"⑤

---

① 资料来源：2018 年度股票质押回购风险分析报告。
② 中国证券监督管理委员会公告〔2017〕9 号。
③ 2017 年 5 月 27 日，上海证券交易所配套制定了《上海证券交易所上市公司股东及董事、监事、高级管理人员减持股份实施细则》。
④ 2017 年 5 月 28 日，深圳证券交易所配套制定了《深圳证券交易所上市公司股东及董事、监事、高级管理人员减持股份实施细则》。
⑤ 《上海证券交易所股票质押式回购交易会员业务指南（2018 年 1 月修订）》、《深圳证券交易所股票质押式回购交易会员业务指南（2018 年 1 月修订）、《股票质押式回购交易及登记结算业务办法（2018 修订）》、《证券公司股票质押式回购交易业务风险管理指引》（以上四份文件简称"股票质押新规"）。

出台，进一步限制了融资门槛、融资用途、质押集中度和质押率等。"减持新规"和"股票质押新规"的相继出台，标志着我国股权质押由高速增长向稳步发展阶段过渡。此后，全国股权质押率出现下滑，出资方的议价能力得到强化，同时对券商的业务规范程度和风险管理能力提出了更高的要求，对资金融入方信用风险以及资金用途均建立了长效追踪管理机制。

综合以上分析，2017 年后我国股权质押风险受多方因素影响逐步累积并暴露，风险点集中且相对可控。Wind 数据显示，2018 年以来，券商股权质押数量 458.10 亿股，占比 45.40%，而 2017 年这一占比是 54.46%；2018 年以来，涉及市值 5 383.32 亿元，市场份额占比 44.63%，2017 年的占比则是 59.10%。从统计数据可以看出，股权质押危机之后，股权质押融资呈放缓趋势。

3.1.4　股权质押的转机

鉴于股权质押风险日渐暴露，受股权质押影响的企业也大幅增加。2018 年以来，为了防止股权质押危机进一步演变成区域性甚至系统性金融危机，包括各地政府、央行、证监会和银保监会等市场参与主体纷纷出台相关政策，联合银行、券商、保险公司等金融机构，试图以市场化形式及时纾解股权质押风险，稳定市场秩序，股权质押也因此迎来转机之年。

2018 年 1 月 12 日，中证协发布《证券公司参与股票质押业务风险管理指引》[①]，同日上交所、深交所、中登公司联合发布《股票质押业务及登记结算业务办法（2018 年修订）》[②]。中国人民银行针对民营企业推出债券融资和股权融资两方面支持计划，帮助企业恢复融资，并运用再贷款和再贴现等货币政策工具以扩大商业银行的信贷投放。银保监会鼓励保险资金参与化解股权质押危机，发挥保险资金在长期稳健投资方面的优势。由此可见，银保监会改变了以往门槛式的"一刀切"模式，改为更加灵活的渠道监管，

---

① 2018 年 1 月 12 日，中国证监会发布《证券公司参与股票质押式回购交易风险管理指引》（以下简称《指引》），自 2018 年 3 月 12 日起正式实施。

② 经中国证监会批准，上海证券交易所（以下简称"上交所"）与中国证券登记结算有限责任公司（以下简称"中国结算"），对《股票质押式回购交易及登记结算业务办法（试行）》进行了修订，于 2018 年 1 月 12 日发布了《股票质押式回购交易及登记结算业务办法（2018 年修订）》，并自 2018 年 3 月 12 日起正式实施。

方便把控风险资金入市规模并控制衍生风险的产生。此外，银保监会允许其通过专项计划或设计专项产品，不纳入险企的权益投资口径。证监会通过对市场相关制度的完善以及出台相关政策文件帮助化解风险。2018 年 10 月出台的《证券期货经营机构私募资产管理业务管理办法》①，允许过渡期内相关产品滚动续作，以承接未到期资产；鼓励符合条件的各类资金成立新基金，帮助有发展前景但暂时陷入经营困难的上市公司纾解股票质押困境。2018 年，地方政府针对当地因股权质押而遇险的企业，积极组织地方国资向上市公司注资或安排专项资金纾解股权质押风险。同时，在企业控制权方面对控股股东进行适当保护，保证控制权稳固情况下化解危机。具体如表3.1 所示。

表 3.1　　　　　　　　　监管层关于防范股权质押风险的动向

2018 年 10 月 12 日	证监会修订有关规则，允许上市公司募集配套资金可部分用于补充流动资金，偿还债务
2018 年 10 月 13 日	深圳市政府安排专项资金，帮助深圳 A 股上市公司化解股权质押危机
2018 年 10 月 14 日	银保监会鼓励保险机构积极参与解决上市公司的股权质押流动性风险
2018 年 10 月 19 日	国务院：政府高度重视股市的健康稳定发展。促进股市健康发展，一定要有针对性地推出新的改革举措。 银保监会：允许保险资金设立专项产品参与化解上市公司股票质押流动性风险，不纳入权益投资比例监管。加大保险资金财务性和战略性投资优质上市公司力度，充分发挥保险资金长期稳健投资优势。 中国人民银行：推进民营企业债券融资和股权融资支持计划，为资金困难的民营企业提供股权融资支持。 证监会：鼓励符合条件的各类资金成立新基金，帮助有发展前景但暂时陷入经营困难的上市公司纾解股票质押困境
2018 年 10 月 22 日	证券业协会组织券商共商股权质押风险化解的市场化方式。首次由 11 家券商达成意向出资 210 亿元设立母资管计划，作为引导资金支持各家证券公司分别设立若干子资管计划，吸引银行、保险、国有企业和政府平台等资金投资，形成 1 000 亿元总规模的资管计划

总之，我国的股权质押概念由来已久，资本市场参与者对股权质押经历

① 2018 年 10 月 22 日，《证券期货经营机构私募资产管理业务管理办法》经中国证券监督管理委员会 2018 年第 8 次主席办公会议审议通过。

了由陌生到熟悉的过程。自 2013 年股票质押回购启动以来，股权质押业务在全国蓬勃发展，尤其在方便民营中小企业、创业型企业融资等方面功不可没，着实有效地推动了实体经济的发展。2017 年，受到宏观经济因素和市场频繁波动的共同影响，股权质押危机广受关注。为了稳定资本市场秩序、规范股权质押行为并纾解股权质押困境，包括政府、证监会等监管机构以及券商等金融机构共同发力，共同消退危机。

3.2　股权质押概况的国际比较

本节将我国的股权质押情况与以印度为代表的东南亚国家和以美国为代表的西方国家进行比较。一方面，从定性的角度揭示了股权质押存在的普遍性。另一方面，从定量的角度，手工收集美国 S&P 500 和 S&P 1500 上市公司股权质押数据，将中国的股权质押情况与美国进行了国际比较，从而展现出中国股权质押的特色。

3.2.1　印度股权质押情况

截至 2019 年 4 月 26 日，孟买证券交易所（The Bombay Stock Exchange，BSE）的数据显示，发起人股权质押的总价值达到 22.5 千万卢比，占 BSE 500 股票总市值的 1.60%，5 126 家孟买证券交易所上市公司中，有 2 932 家存在股权质押融资行为。辛格（Singh，2018）发现，2009～2014 年，印度的上市公司中大约有 50% 都曾有过股权质押行为。印度证券交易委员会（SEBI）规定，上市公司必须每季度向印度国家证券交易所（NSE）和孟买证券交易所（BSE）披露其抵押股份的信息以及持股方式，以此提醒投资者谨防股权质押风险。尽管如此，由于印度股票市场波动剧烈，此前质押股份被平仓的消息不仅打压了股权质押热情，也登上了新闻头条。据悉，Essel/Zee 集团，Reliance ADAG 集团和 Apollo Hospitals 的股票在此类事件中下跌了 15%～30%，股权质押事件在印度获得了重点关注。辛格（Singh，2018）以印度上市公司为样本，对股权质押融资投向进行划分，发现作为股东个人贷款的股权质押会减损企业价值，而作为公司外部融资来源的股权质押，可以提升公司价值。

3.2.2　美国股权质押情况

据拉克和塔扬（Larcker and Tayan，2010）的调查，美国上市公司中约25%允许高管进行股权质押，他们对2006~2009年的上市公司粗略统计后发现，大概982位董事会成员或者高管在股东委托书（proxy statement）的股东权益部分（benefical ownership section）中对股权质押情况作了报告。从股权质押合同来看，平均质押股份数占到自身持股数的44%。然而，公司关于股权质押的披露并不统一，部分公司在其内部交易政策（Insider Trading Policy，ITP）中明确禁止股权质押行为，部分公司在ITP中没有披露股权质押，部分公司没有向公众披露ITP。辛格（Singh，2018）统计发现，2007~2015年间，标准普尔1500指数涵盖的公司中，董事会和被任命高管中有34%至少有一次进行股权质押，质押比例平均占持股数的38%。用于个人贷款的股权质押可以将股东权益货币化且不妨碍自身表决权，也就是说，既保留了质押股份的价值上升空间，又将下跌空间压缩在贷款收益额之内。因此，机构股东服务公司（Institutional Shareholder Services，ISS）称股权质押是代替锁定收益的对冲策略。为了提高对用于个人用途的股权质押对内部人激励的影响的认识，ISS发布了禁止内部人股票对冲，但允许质押股票的公司名单。股权质押将股东控股权货币化，使得上市公司第二类代理问题更加严重，借此也引发了全球范围内一系列与股权质押相关的恶性事件。安德森和普莱奥（Anderson and Puleo，2015）从标准普尔1500指数公司中随机挑选了500家，研究发现股权质押会提高公司特殊层面风险（firm-specific risk）。2006年，美国证券交易委员会（SEC）评论说，世通公司首席执行官伯纳德·埃伯斯（Bernard Ebbers）供个人资金需求的股权质押，可能加剧了世通公司的财务危机。随后，SEC强制上市公司在其委托书中披露其董事和高管质押股份数量。同样，2011年，中国台湾监管机构限制了内部人质押股权的投票权。印度监管机构自2009年起陆续出台多项强制披露要求。

近年来，股权质押被监管机构、机构投资者及代理商公认为公司治理过程中的重点审查对象。最值得注意的是，2016年股东大会召开之际，股权质押成为机构股东服务机构（ISS）反对重新选举董事的第五大普遍理由。

我们收集了 S&P 500 在 2006~2017 年的股东委托书（proxy statement），并手工查阅样本在股东权益部分（Benefical Ownership Section）对股权质押情况的表述。对于 S&P 500 公司，我们一共收集了 6 632 个样本，发现其中明确禁止股权质押的样本为 1 293 个，占比 19%；披露未涉及股权质押的样本为 4 071 个，占比 61%；允许且存在股权质押的样本为 1 268 个，占比 19%。在 S&P 500 公司分年度统计中，我们发现样本在 2010 年和 2011 年，股权质押比例达到峰值。对于 S&P 1500 公司，我们一共收集了 22 020 个样本，其中有 3 538 个样本存在股权质押，18 482 个样本不存在股权质押，股权质押样本占比 16%；在分年度统计中，我们发现股权质押比例在 2011 年和 2012 年达到峰值，如表 3.2 所示。

从表 3.2 可以看出，股权质押在美国上市公司的普及度低于我国，说明美国上市公司的融资约束程度较低，资金获取相对容易。从图 3.6 可以看出，S&P 500 和 S&P 1500 中股权质押比例在 2012 年之前经过不同程度的增长之后，逐步趋同，反映出美国上市公司整体对于风险的把控能力要优于我国，尤其在监管机构和媒体的共同作用下，股权质押风险得到了有效的控制。

表 3.2　　　2006~2017 年 S&P 500 及 S&P 1500 股权质押情况统计

Panel A S&P 500 样本股权质押情况统计

	样本数	样本占比（%）
公司明确禁止股权质押	1 293	19
公司披露未涉及股权质押	4 071	61
公司允许且存在股权质押	1 268	19
总计	6 632	100

Panel B S&P 500 样本股权质押分年份统计

股权质押 年份	否	是	总计	股权质押样本 占比（%）
2006	484	105	589	18
2007	466	115	581	20

Panel B S&P 500 样本股权质押分年份统计				
股权质押 年份	否	是	总计	股权质押样本 占比（%）
2008	461	122	583	21
2009	449	114	563	20
2010	436	127	563	23
2011	426	124	550	23
2012	443	114	557	20
2013	460	101	561	18
2014	452	92	544	17
2015	439	89	528	17
2016	430	84	514	16
2017	418	81	499	16
总计	5 364	1 268	6 632	19

Panel C S&P 1500 样本股权质押分年份统计				
股权质押 年份	否	是	总计	股权质押样本 占比（%）
2006	1 727	245	1 972	12
2007	1 702	258	1 960	13
2008	1 660	277	1 937	14
2009	1 609	302	1 911	16
2010	1 540	327	1 867	18
2011	1 497	340	1 837	19
2012	1 478	353	1 831	19
2013	1 506	317	1 823	17
2014	1 503	289	1 792	16
2015	1 447	302	1 749	17
2016	1 429	271	1 700	16
2017	1 384	257	1 641	16
总计	18 482	3 538	22 020	16

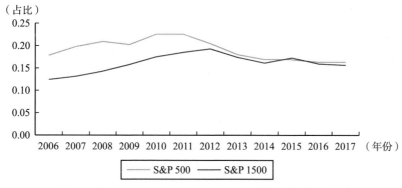

图 3.6　标准普尔 500 和标准普尔 1500 股权质押情况对比

3.3　作 用 机 理

3.3.1　外部不确定性因素概念及分类特征

不确定性是指经济行为主体无法控制未来事件的发生，决策时也无法获得充分的信息或预测其决策结果（邓肯，1972）。随着各国在经济、金融、科技等领域的不断较量，以及国内资源争夺战的不断升级，我国企业的生存发展正面临着前所未有的复杂挑战。外部不确定性因素的增加降低了企业管理层对合理运营把控的准确度，增加了企业决策困难程度。因此，不确定性给企业带来的风险不容忽视。

本书针对现存的外部不确定性因素，大致从以下方面予以考虑：

从宏观层面看，经济政策不确定性与企业行为关系最为密切。本书所指的经济政策不确定性，是经济主体无法确切预知政府是否、何时以及如何改变现行经济政策（古伦和伊翁，2016）。“新常态”阶段，中国经济增速持续放缓，经济政策不确定性增加，通过稳定的宏观经济政策优化微观主体投融资决策，是影响经济增长质量的关键。原则上，国家出台的各项宏观调控政策的初衷，皆服务于经济增长，进一步弥补市场经济在资源配置作用上的不足。但是，频繁变动宏观经济政策以及政策实施过程变数增加，使得单一政策的施行效果往往达不到预期。宏观经济政策调整会带来宏观经济前景、行业前景预期、外部信息环境的变动（伯南克和库特纳，2005；祝继高和陆正飞，2009）。据以往文献研究所述，经济政策不确定性不仅能够影响股票价格（帕斯特和维罗内西，2013）和投资者行为（李凤羽和杨墨竹，2015），而且会影响到企业的投资决策（古伦和伊翁，2016；饶品贵等，2017）、创新投资（巴塔查里亚等，2017）、现金持有决策（李凤羽和史永东，2016）、并购（博纳梅等，2018）和股利分配决策（黄等，2015）、高管变动（饶品贵和徐子慧，2017）及关联交易（侯德帅等，2019）。因此，本书选择经济政策不确定性来考量宏观层面的不确定性因素对股权质押后管理层盈余管理选择偏好的影响。

从微观层面看，环境不确定性指标能够良好地综合企业层面的外部不确定性因素对企业经营造成的影响。环境不确定性本是组织设计框架的核心概念，是根植于组织环境中的因素（钱德勒，1962）。环境不确定性是衡量由于客户、供应商、竞争对手以及监管者等行为的不断变化而带来的不可预测性，使得与企业组织运营相关的环境因素发生变化及其变化程度（切尔德，1972）。

随着资源争夺战的升级，企业间的竞争淘汰更加残酷，公司的经营环境逐渐成为利益相关者关注的焦点。管理层通常需要适应企业运营环境的约束（钱德勒，1962）。毋庸置疑，客户、供应商、竞争者等利益相关群体共同构筑了企业微观生存环境，其行为的不可预测性增加了企业经营环境的不确定性（戈文达拉扬，1984）。与以上两种外部不确定性因素相区别，环境不确定性指标建立在企业业绩基础之上，因此，环境不确定性的高低，可以更加直观地反映企业层面的不确定性因素给企业正常运营带来的影响。分析来看，环境不确定性会降低公司财务报告的透明度，创造盈余管理的空间。戈尔什和奥尔森（Ghosh and Olsen，2009）研究发现公司微观环境不确定性会直接影响核心业务，带来盈余波动。剧烈的盈余波动易加剧投资者恐慌，引起股价异动。尤其在管理层股权质押融资后，股价异动不仅不利于管理层形象经营，还会打乱管理层的资源配置计划，一旦股价触及警戒线，甚至低至平仓线，则管理层有可能丧失控制权。因此，环境不确定性作为企业层面重要的不确定性因素，理应被纳入研究范畴。

3.3.2　股权质押对盈余管理偏好影响机理

3.3.2.1　股权质押企业盈余管理动机

市值管理是国外价值管理在我国资本市场催生的新概念。2005 年 9 月，国务院国资委在《关于上市公司股权分置改革中国有股股权管理有关问题的通知》①中提出，要合理调整国有股股东业绩考核指标，并考虑设置上市公司市值指标，促使国有股股东关注市值变化。2014 年 5 月，国务院发布《关于进一步促进资本市场健康发展的若干意见》②，首次明确提出"鼓励上市公司建立市值管理制度"。2019 年 11 月，《上海证券交易所科创板上市公司重大资产重组审核规则》（上证发〔2019〕114 号）③中要求科创公司对"是否存在不当市值管理行为"进行披露。由此可见，树立市值管理概念、健全市值管理制度并进行有效的市值管理行为，已经成为国家对微观主体的具体要求。基于毛勇春的"动态平衡论"以及施光耀和刘国芳的"战略管理工程论"，我们认为，市值管理旨在构建一种长效组织机制，通过基础价值创造、价值实现和价值经营三个方面，整合公司内外部资源，实现市场价值稳定增长的目标。

盈余管理虽然长期隐匿于企业的财务管理之中，但却随着资本市场的发展以及企业组织结构的成长呈现出新的特征，也不断刷新着公众对于盈余管理的认知。股权质押后的盈余管理与市值管理有着共同的利益诉求。

我国的股权质押风险可以分为四个方面：一是由于现有法律法规不健全而引发的法律风险，二是由于二级市场股价异动而引发的市场风险，三是由于出质股东"以权谋私"而引发的道德风险，四是由于市场交易机制不完善而引发的处置风险。

---

① 2005 年 8 月 23 日，中国证监会、国务院国资委等五部委联合下发了《关于上市公司股权分置改革的指导意见》（以下简称《意见》），对下一步股权分置改革作了总体部署。随后国务院国资委下发《通知》，以具体贯彻落实五部委意见。

② 《国务院关于进一步促进资本市场健康发展的若干意见》（国发〔2014〕17 号）。

③ 2019 年 11 月 29 日，为了规范上海证券交易所科创板上市公司（文中简称科创公司）重大资产重组行为，保护科创公司和投资者合法权益，提高科创公司质量，上海证券交易所发布本文件。

从"供给侧"看,股权质押的资金来源于证券公司的自有资金、银行理财资金以及其他资金(如信托、财务公司、面向投资者募集的资管计划等)。一方面,A股股市不景气使得股权质押业务频繁触及预警线,加上融资人资金链断裂等恶性事件在资本市场持续发酵,使得资金方对股权质押的避险情绪高涨。另一方面,虽然名义上资金方可以通过强制平仓避免损失,但实际操作层面,由于市场流动性风险或者公司停牌自救,使得资金方很难变现质押股权,从而遭受实际损失。因此,资金方对于质押公司善用市值管理,稳定二级市场股价,自行化解股权质押危机方面抱有较高期待。

从"需求侧"看,一方面,股权质押合同签订时即确立了预警线和平仓线,二级市场上的股价异动将直接与质押股东控制权关联,因此,质押股东有强烈动机通过市值管理手段缓解股价下跌危机;另一方面,不同于欧美上市公司,我国上市公司股权相对集中,控股股东有能力影响企业经营管理各项决策。

因此,无论从"供给侧"还是"需求侧"看,质押股东都极有可能在股权质押后,进行市值管理,稳定甚至提升股价,防止发生控制权易位风险,这一点在唐玮等(2019)的研究中也得到了印证。鉴于投资者对公司盈利情况的关注,操控公司盈余从而进行盈余管理是市值管理最为有效的途径,也是管理层最常用的手段之一。

3.3.2.2 股权质押企业盈余管理"组合拳"

企业实施盈余管理行为时,会权衡各种盈余管理行为手段的成本和收益(臧,2012)。在不受其他因素干扰的"真空"环境中,应计盈余管理手段理应成为企业管理层的首选。通过对会计政策及方法的选择性使用,轻而易举地实现对会计盈余有目的性的跨期操纵。然而,在现实情况下,会计利润与经营现金流量的不匹配,很容易招致监管部门的监督和审查,应计盈余管理行为比其他盈余管理行为更容易导致企业诉讼风险升高,因此逐步被其他盈余管理途径替代。如果出于对企业价值损害程度的考虑,真实盈余管理行为比其他盈余管理行为对企业价值的负面影响更大(科恩和扎罗文,2010;臧,2012)。然而,真实盈余管理与企业正常商业行为区分难度大,其隐蔽性高的特点也更加突出,加大了审计师以及相关监管机构的审查和发现难度(罗乔杜里,2006)。于是,不少研究者发现,真实盈余管理逐步替代应计盈余管理，成为企业盈余管理的主要手段（科恩等，2008；臧，2012；伊皮诺和帕博内蒂，2017）。如果出于对盈余连续性的考虑，管理层会倾向于归类变更盈余管理手段，强化核心盈余，以迎合投资者、券商分析师及监管机构对盈余持续性的预期（麦克维，2006；范 等，2010；阿萨萨库等，2011）。通过将经常性费用归入营业外支出，将营业外收入归入营业收入，或是通过在非经常性损益表中选择性披露非经常性损益项目，如尽量少披露非经常性收入而多披露非经常性损失，实现盈余目标。

综上，管理层股权质押后，有动机进行盈余管理，通过应计盈余管理、真实盈余管理和归类变更盈余管理手段，满足投资者盈余预期，从而稳定股价，防范股权质押风险。影响机理如图 3.7 所示。

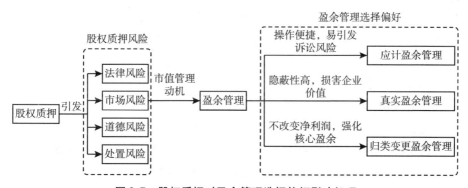

图 3.7　股权质押对盈余管理选择偏好影响机理

3.3.3　外部不确定性因素调节作用机理

随着经济全球化的横向延伸，国家间的贸易摩擦不断升级，由此带来更多的外部不确定性因素渐渐受到企业主体及利益相关者的重视，一场外部不确定性因素引起的资源争夺战悄然拉开帷幕。企业作为资本市场的重要参与者，其行为无疑会受到宏观层面和微观层面不确定性因素的叠加作用。

组织发展理论中对不确定性界定问题依然存在分歧，争议点主要在于区分不确定性中的客观和感知因素。因此大致从实证主义观点和行为主义观点加以区分，前者注重组织外部客观环境因素集合，后者注重决策者非客观感知。本书遵循行为主义观点，认为外部不确定性因素能够对我国股权质押企业的盈余管理行为及偏好产生重要影响。具体分析如下：

一方面，外部不确定因素会加大管理层对现有经营模式及未来调整方向把控和预判的难度，股权质押增强了股价与企业风险关联度，管理层因此更有动机美化业绩，规避股权质押风险。交易成本理论告诉我们，法律的缺失会引致更多的机会主义行为（威廉姆森，1979）。对于转型经济体而言，我国资本市场制度尚需完善，规范程度仍需提高，改革经验匮乏很容易增加不确定性。改革开放以来，为支持地方经济发展，中央政府将部分事权与财权下放至地方政府，而地方政府在国家宏观政策指导下，也相应出台地方特色政策。然而，随着贸易摩擦增加，疫情的全球流行，市场复杂性不断增加，企业管理层对宏观经济预期与实际偏离程度加深，决策失误概率升高，企业经营风险加大。当银行信贷渠道不畅，企业融资约束进一步加剧时，增加自身竞争优势，对谋求生存机会至关重要。因此，管理层必须有效应对外部不确定性因素，才能趋利避害，尽可能防范并化解股权质押融资带来的潜在危机。基于以上分析，管理层一方面期望通过美化业绩以赢得投资者青睐，从而获得稳定可靠的资金来源；另一方面对盈余管理手段产生选择偏好，谨防因盈余管理选择不当而带来"二次伤害"。

另一方面，外部不确定性因素放大投资者的情绪渲染作用，使得决策者对股权质押风险规避动机更加强烈。动态且复杂的外部不确定性因素同样增加了投资者的避险动机，增强了投资者的忧患意识。为了更好地保障资金安全，投资者一方面会增加现金持有，另一方面会尽可能地获取投资企业更多的信息以弱化信息不对称。市值管理动机下的盈余管理行为过程，实质上是管理层不断揣摩投资者价值判断和预期行为的过程。对企业而言，应计盈余管理无疑是操作成本最低廉的盈余管理途径，然而高昂的诉讼成本可能减弱决策者应计盈余管理行为动机，或以真实盈余管理取而代之。现如今，随着投资者、券商分析师及监管机构等对持续性强的核心盈余部分越发关注，管理层产生了归类变更盈余管理的动机，以期达到分析师盈余预测目标或者满足投资者盈余预期。因此，在外部不确定性因素的作用下，外部投资者及其他利益相关者可能产生一定恐慌情绪，在情绪渲染作用下，其对于企业盈余管理行为的识别和判断将影响股权质押企业管理层的盈余管理选择偏好，如图3.8所示。

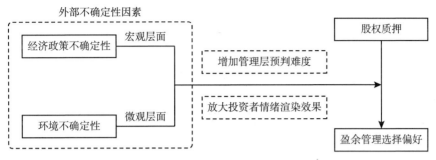

图 3.8　外部不确定性因素调节作用机理

3.4　本 章 小 结

本章介绍了本书的制度背景和作用机理。在制度背景部分，本章沿着时间脉络，主要梳理了股权质押在中国的兴起、发展、危机和转机四个过程，对我国股权质押的制度背景和现实情况做了全方位的介绍。进一步的，本书将我国的股权质押情况与以印度为代表的东南亚国家和以美国为代表的西方国家进行了国际比较。一方面揭示了股权质押存在的普遍性，从定性的角度说明股权质押不仅仅存在于我国的制度背景下，股权质押风险也并非是股权质押与我国制度互斥的产物。另一方面，本书手工收集了美国 S&P 500 和 S&P 1500 上市公司股权质押数据，从定量的角度将中国的股权质押情况与美国进行了国际比较，从而展现出中国股权质押的特色。在作用机理部分，本书首先界定了外部不确定因素的概念及分类特征，为后面第 5 章和第 6 章的设计做了铺垫。最后，本章揭示了企业存在股权质押对其盈余管理行为影响的作用机理，并简单介绍了外部不确定性因素如何发挥调节作用，为后面实证检验埋下伏笔。

第4章 股权质押与盈余管理选择偏好

4.1 引　言

近年来，国内外情势风云变幻，经济下行压力的不断加大，加剧了金融市场风险，阻碍了实体经济的发展。综合来看，一方面，中美贸易摩擦等国际环境复杂多变，加剧了我国金融市场的不稳定性预期；另一方面，我国经济高速发展过程中积累的"痼疾"在转型期集中爆发，放大了资本市场风险，也打击了投资者信心。

股权质押依靠其手续简单、流动性高等优势，曾在 2015～2016 年迅速普及，增长率甚至于 2016 年突破 50%。近两年来，随着股权质押风险点逐渐暴露，增长率节节败退，规模边际弱化特点明显。尽管如此，据统计数据显示①，截至 2018 年 12 月底，A 股共有 3 557 家公司进行股权质押，质押整体规模达 6 371.88 亿股，市值达 4.31 万亿元，占 A 股市值约 9.94%。长期以来，我国持续保持着宽松货币政策，虽然暂时性规避了经济硬着陆风险，却遗留下高杠杆的"后遗症"。党的十九大以后，国内的供给侧改革渐入深水区，提升供给体系质量成为发展实体经济的主攻方向。在以间接融资为主导的银行金融体系下，"去杠杆"政策通过阻断过度负债企业的杠杆资金来源，不仅抑制了实体企业投资，而且部分民营企业及中小企业融资陷入困境，导致投资者出现恐慌情绪，引起资本市场波动。资本市场的波动，催

---

①　资料来源：Wind 数据库。

化了股权质押流动性风险危机的爆发，而股权质押总市值的缩水与总股数的增长趋势相背离更是增强了交易账户被平仓的可能性。据悉①，2018 年底，A 股市场触及平仓线市值约为 7 000 亿元，占总市值比高达 16%，而"勤上股份""洲际油气"和"皇氏集团"等上市公司股票皆因股权质押，相继接近平仓线或者被二级市场强制平仓，可见，"股权质押"背后藏匿的风险昭然若揭，成为 A 股上市公司重要的风险监控点。

从"供给侧"看，股权质押的资金来源于证券公司的自有资金、银行理财资金以及其他资金（如信托、财务公司、面向投资者募集的资管计划等）。一方面，A 股股市不景气使得股权质押业务频繁触及预警线，加上融资人资金链断裂等恶性事件在资本市场持续发酵，使得资金方对股权质押的避险情绪高涨；另一方面，虽然名义上资金方可以通过强制平仓避免损失，但实际操作层面，由于市场流动性风险或者公司停牌自救，使得资金方很难变现质押股权，从而遭受实际损失。因此，资金方对于质押公司善用市值管理，稳定二级市场股价，自行化解股权质押危机方面抱有较高期待。

从"需求侧"看，一方面，股权质押合同签订时即确立了预警线和平仓线，二级市场上的股价异动将直接与质押股东控制权关联，因此，质押股东有强烈动机通过市值管理手段缓解股价下跌造成的潜在危机；另一方面，不同于欧美上市公司，我国上市公司股权相对集中，控股股东有能力影响企业经营管理各项决策，服务市值管理目标。

因此，无论从"供给侧"还是"需求侧"看，管理层在股权质押后，有动机进行市值管理，稳定并提升股价，防止发生控制权易位风险，这一点也得到唐玮等（2019）的印证。鉴于投资者对公司盈利情况的关注，操控公司盈余从而进行盈余管理是市值管理最为有效的途径，也是管理层最常用的手段之一。

从上市公司盈余管理方式来看，应计盈余管理通过调整收入或费用的跨期确认达到影响当期利润的目的，操作简便，效果明显，但后期转回会对盈余波动造成影响，持续时间不长且容易给公司信誉带来负面影响。真实盈余管理是通过对真实经营活动的调整，比如削减 R&D 支出等，达到操纵盈余目的，持续时间长，但偏离上市公司正常经营目标，长期会减损公司价值。

---

① 资料来源：http://stock.jrj.com.cn/invest/2017/05/24190522528119.shtml。

科恩和扎罗温（Cohen and Zarowin, 2010）研究发现，在公司增发股票过程前的真实盈余管理会严重影响增发后的业绩表现，而真实盈余管理手段的选择同样出于对公司应计盈余管理能力及成本的考虑。臧（Zang, 2012）的研究结论，证实应计盈余管理和真实盈余管理皆需要把握有利时机，且两种盈余管理手段互相替代，应计盈余管理程度会根据真实盈余管理程度进行调整。尽管关于两种盈余管理手段的研究硕果累累，而相关学者却始终未曾重视过归类变更盈余管理行为（麦克维, 2006）。原因在于，归类变更盈余管理仅仅改变净利润的构成，并不能对净利润数值产生实质性影响。其实，费尔菲尔德等（Fairfield et al. , 1996）曾提出，核心盈余更能体现企业未来盈余，更具连续性。布拉德肖和斯隆（Bradshaw and Sloan, 2002）也发现，分析师及投资者对核心盈余更加认可，估值更高。同样的，监管者也逐渐关注到核心盈余，于是在我国公开增发业绩门槛和股权激励业绩考核中都要求在会计业绩中剔除非经常性损益的影响。我国证监会对非经常性损益在2001 年、2004 年、2007 年、2008 年分别做了调整（具体修订过程详见附录A），逐渐规范财务报告中非经常性损益项目的披露。通过操控非经常性损益的盈余管理方式近年来颇受关注，张子余和张天西（2012）研究发现，在 ST 公司或者微利公司中，管理层会将部分核心项目转移到"营业外支出"以调增核心盈余。叶康涛和臧文佼（2016）发现，国企为了躲避"八项规定"的监管，将在职消费从管理费用转到存货等非经常项目中。相对于前述两种方式，通过调整非经常性损益来操控盈余更具有隐蔽性特征。

为了直观反映上市公司对三种盈余管理手段的综合运用，本书计算出2008 ~2018 年沪深两市 A 股上市公司三种盈余管理程度，为方便比较，对数据进行了标准化处理，结果如图 4.1 所示。可以看出，三种盈余管理程度均呈现波动下滑之势，反映出随着外部监管进一步强化，上市公司的盈余管理行为逐渐收敛。2007 年不再允许长期资产减值准备转回且取消存货"后进先出"法之后，应计盈余管理成本显著上升（龚启辉等, 2015），因此应计盈余管理水平下降，归类变更盈余管理水平也随之下降，而真实盈余管理水平上升。2010 年，融资融券交易正式试点后，应计盈余管理呈现下降趋势，表明融资融券具有一定治理效应。2012 年，新退市制度的实行，增加了应计盈余管理空间，同时降低了真实盈余管理的诉求（许文静等,2018）。因此，2012 年后，应计盈余管理上浮，真实盈余管理下降，归类变更盈余管理同理出现小幅增长。有学者证实，动荡时期管理者应计盈余管理行为对投资者情绪影响很小（谭跃和夏芳，2011）。2015 年股市震荡发生前后，归类变更盈余管理增长明显，管理者试图强化核心盈余以提振投资者信心。

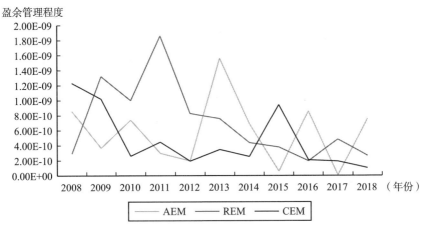

图 4.1 　三种盈余管理程度（经过标准化）的年度变化

　　笔者认为，企业盈余管理程度是管理层三种盈余操纵手段综合运用的结果，应尽可能加以识别，而非一概而论。因此，本章基于股权质押行为的特殊性，在明确三种盈余管理手段特征的基础上，探究质押股东通过哪些途径进行盈余管理以及不同盈余管理方式间的相互作用效果。同时，结合企业特质性，探讨质押股东对上市公司盈余管理手段的权衡与偏好，为研究两者关系提供更加丰富的证据。

4.2　理论分析与研究假设

　　目前，外部投资者依然根据公司的三大报表所包含的会计信息对公司进行综合评价，虽然对利润表评价权重有所下降，但公司会计盈余无疑是公司阶段性经营成果的直观展现，也是以投机特征为主的我国投资者公认的最有价值的信息之一，将直接影响到二级市场上的股票价格。

　　股权质押不同于增发、配股等传统股权再融资途径，限制条件较少，大多由融资意愿的持股人自行决定。虽本质上属于抵押贷款，但股权质押以股权作为质押品极具特殊性，其价值与二级市场上的股票价格密不可分，不仅决定了募资金额，而且关乎质押股东是否面临保证金预警甚至遭遇平仓危机。因此，质押股东会持续关注二级市场上股价异动。鉴于我国相对特殊的股权特征，上市公司控股股东通常有能力调整企业经营管理各项决策，从而进行"策略性"市值管理，以降低股权质押潜在风险。毛和仁内布格（Mao and Renneboog，2015）发现，管理者会通过负向盈余管理降低自身的收购成本。也有学者发现股东出让股票时，会事先通过盈余管理抬高股价（贝尼什，1999；贝尼什和瓦格斯，2002），以此增加自身收益。王克敏等（2018）发现，管理层在盈余管理空间小时会增加年报文本信息的复杂性，获取更高超额薪酬，提高公司市场估值。陈大鹏等（2019）发现，管理层为了"讨好"员工，有意通过正向盈余管理，使得持股员工在股票解禁时更多地套现。股权质押筹资估值方式与股票转让相似，质押股东有动机通过盈余管理抬高股价募得更多资金。然而，赫顿等（Hutton et al.，2009）、金和张（Kim and Zhang，2014）发现，盈余管理程度与股价崩盘风险密切相关，故意降低财务报告可读性来藏匿坏消息也易于引发股价崩盘风险。因此，股权质押融资可能会加大公司的股价崩盘风险（谢德仁等，2016）。不仅如此，股价高估会进一步诱发管理层进行多种途径的盈余管理，以维护股价高位，长期会使得股票收益下降，减损公司价值（奇和古普塔，2009；巴勒特舍尔，2011）。质权人通常为了保证贷款安全性，在股权质押合同签订时就基于股权市值及贷款额度，划定警戒线及平仓线，盈余管理造成股价高位假象会使得质押股东面临更大的控制权异位风险。为防范和化解股价暴跌危机，管理层有强烈动机继续操纵盈余，借此达到投资者预期。分析上市公司股权质押公告不难发现，股权质押不仅质押期限长，而且质押频率高，一年内多次质押现象并不罕见，因此，为获得更多贷款或者稳定控制权，存在股权质押的企业有动机操纵公司盈余稳定甚至抬升股价，减少股权质押风险（谢德仁和廖珂，2018；辛格，2018；徐会超等，2019）。

　　因此，提出假设：

　　H4.1：在其他条件相同的情况下，相对于不存在股权质押的上市公司，存在股权质押的上市公司应计盈余管理程度更高。

H4.2：在其他条件相同的情况下，相对于不存在股权质押的上市公司，存在股权质押的上市公司真实盈余管理程度更高。

H4.3：在其他条件相同的情况下，相对于不存在股权质押的上市公司，存在股权质押的上市公司归类变更盈余管理程度更高。

4.3　研　究　设　计

4.3.1　样本选择与数据来源

本书研究选择 2008～2018 年在上海、深圳证券交易所上市的 A 股公司作为研究样本，并按如下原则筛选样本：（1）剔除金融、保险类上市公司；（2）剔除被 ST、PT 的上市公司；（3）剔除主要数据信息不全的样本；（4）考虑到发生股权质押当年上市的公司，很可能为了扩大融资规模，抬高市盈率，因此，剔除股权质押当年上市的公司。经过筛选，最终得到 18 803 个样本，其中股权质押样本占到 41.2%，文中数据均来自 CSMAR 数据库或 Wind 数据库。为了减少误差，对连续变量进行上下 1% winsor 处理。具体过程如表 4.1 所示。

表 4.1　样本筛选　单位：家

年份	原始数据	金融、保险企业	ST/PT	非 A 股	数据不全	最终样本
2008	1 715	(44)	(71)	(109)	(437)	1 054
2009	1 870	(45)	(71)	(108)	(454)	1 192
2010	2 221	(47)	(73)	(108)	(740)	1 253
2011	2 456	(52)	(79)	(108)	(857)	1 360
2012	2 583	(61)	(82)	(107)	(611)	1 722
2013	2 628	(62)	(82)	(107)	(401)	1 976
2014	2 743	(60)	(81)	(105)	(443)	2 054

年份	原始数据	金融、保险企业	ST/PT	非 A 股	数据不全	最终样本
2015	2 935	(61)	(71)	(103)	(674)	2 026
2016	3 226	(64)	(67)	(102)	(880)	2 113
2017	3 602	(79)	(70)	(111)	(1 344)	2 008
2018	3 701	(83)	(73)	(100)	(1 400)	2 045

4.3.2　变量设计

4.3.2.1　被解释变量

（1）应计盈余管理。本书采用修正的 Jones 模型来估计应计盈余管理程度（AEM），即由应计项目扣除不可操控的部分，从而得到可操控性应计。具体如下：

$$\frac{TA_t}{A_{t-1}} = \alpha_0 + \alpha_1 \frac{1}{A_{t-1}} + \alpha_2 \frac{\Delta SALES_t - \Delta AR_t}{A_{t-1}} + \alpha_3 \frac{PPE_t}{A_{t-1}} + \varepsilon_t \qquad (4.1)$$

其中，TA_t 表示公司第 t 期总应计利润，是第 t 期营业利润和经营活动现金流量净额之差，A_{t-1} 表示公司第 t-1 期期末总资产，$\Delta SALES_t$ 表示公司第 t 期营业收入变化额，ΔAR_t 表示公司第 t 期应收账款变化额，PPE_t 表示公司第 t 期期末固定资产原值。分年度、分行业对模型（4.1）进行截面回归，将回归系数代入下式，估算应计项目额：

$$NDA_t = \hat{\alpha}_0 + \hat{\alpha}_1 \frac{1}{A_{t-1}} + \hat{\alpha}_2 \frac{\Delta SALES_t - \Delta AR_t}{A_{t-1}} + \hat{\alpha}_3 \frac{PPE_t}{A_{t-1}} \qquad (4.2)$$

这样，操控性应计项目 DA_t 计算如下：

$$DA_t = \frac{TA_t}{A_{t-1}} - NDA_t \qquad (4.3)$$

DA_t 代表应计盈余管理（AEM），其值越大，反映企业应计盈余管理程度越严重。

（2）真实盈余管理。罗乔杜里（Roychowdhury，2006）从销售操控、生产操控和费用操控三个方面，测度企业真实盈余管理行为。具体如下：

首先，罗乔杜里（Roychowdhury，2006）根据德乔夫等（Dechow et al.，1995）的模型将模型（4.4）分行业分年度回归来估计正常水平的 CFO，然后用实际 CFO 减去估计的 CFO，即得到异常 CFO，也即销售操控额。

$$\frac{CFO_t}{A_{t-1}} = \alpha_0 + \alpha_1 \frac{1}{A_{t-1}} + \alpha_2 \frac{SALES_t}{A_{t-1}} + \alpha_3 \frac{\Delta SALES_t}{A_{t-1}} + \varepsilon_t \tag{4.4}$$

企业生产成本 PROD 等于销售成本 COGS 与年度内存货变动额 ΔINV 之和。销售成本 COGS 可以表示为销售收入 SALES 的线性函数。

$$\frac{COGS_t}{A_{t-1}} = \alpha_0 + \alpha_1 \frac{1}{A_{t-1}} + \alpha_2 \frac{SALES_t}{A_{t-1}} + \varepsilon_t \tag{4.5}$$

年度内存货变动额 ΔINV 可以为：

$$\frac{\Delta INV_t}{A_{t-1}} = \alpha_0 + \alpha_1 \frac{1}{A_{t-1}} + \alpha_2 \frac{\Delta SALES_{t-1}}{A_{t-1}} + \alpha_3 \frac{\Delta SALES_t}{A_{t-1}} + \varepsilon_t \tag{4.6}$$

将模型（4.5）和模型（4.6）相加，得到模型（4.7）所示的生产成本估计函数，按照上述流程，计算出异常生产成本值，即生产操控额：

$$\frac{PROD_t}{A_{t-1}} = \alpha_0 + \alpha_1 \frac{1}{A_{t-1}} + \alpha_2 \frac{SALES_t}{A_{t-1}} + \alpha_3 \frac{\Delta SALES_{t-1}}{A_{t-1}} + \alpha_4 \frac{\Delta SALES_t}{A_{t-1}} + \varepsilon_t$$

$$\tag{4.7}$$

费用操控额计算如模型（4.8）所示：

$$\frac{DISEXP_t}{A_{t-1}} = \alpha_0 + \alpha_1 \frac{1}{A_{t-1}} + \alpha_2 \frac{S_{t-1}}{A_{t-1}} + \varepsilon_t \tag{4.8}$$

其中，CFO_t 指第 t 期经营活动现金流量净额；$PROD_t$ 指第 t 期生产成本，等于销售成本与存货变化之和；$DISEXP_t$ 指第 t 期整体支出（包括销售、管理、广告费用和研发支出）；A_{t-1} 指第 t-1 期总资产；$SALES_{t-1}$ 指第 t-1 期销售收入；$\Delta SALES_{t-1}$ 指第 t-1 期销售收入的变化。

上述销售操控、生产操控和费用操控可分别表示为 ACFO、APROD 和 ADISEXP，当公司正向盈余管理时，会调低经营现金净流量、调高生产成本和操控性费用。因此，REM = APROD - ADISEXP - ACFO。

（3）归类变更盈余管理。本书借鉴麦克维（McVay，2006）的模型来预测核心盈余，并参考 Jones 模型将核心盈余中的预期和未预期部分进行区分。具体模型如下：

$$CE_t = \beta_0 + \beta_1 CE_{t-1} + \beta_2 ATO_t + \beta_3 Accruals_t + \beta_4 Accruals_{t-1}$$

$$+ \beta_5 \Delta Sales_t + \beta_6 Neg\Delta Sales_t + \varepsilon_t \tag{4.9}$$

$$\Delta CE_t = \beta_0 + \beta_1 CE_{t-1} + \beta_2 \Delta CE_{t-1} + \beta_3 \Delta ATO_t + \beta_4 Accruals_t + \beta_5 Accruals_{t-1}$$
$$+ \beta_6 \Delta Sales_t + \beta_7 Neg\Delta Sales_t + \varepsilon_t \tag{4.10}$$

模型（4.9）和模型（4.10）中，CE_t 为核心盈余，等于第 t 期净利润与非经常性损益之差，并采用上年营业收入平滑，ΔCE_t 为核心盈余的变化值。由于核心盈余的持续性特征，故将滞后一期的核心盈余作为控制变量。ATO_t 为第 t 期总资产周转率。以往学者发现，应计盈余管理增加使得当期业绩同方向偏离（斯隆，1996），于是将第 t 期核心应计盈余 $Accruals_t$ 及其第 t−1 期核心应计盈余 $Accruals_{t-1}$ 归入模型，核心应计盈余由核心盈余扣除经营活动现金净流量得到。$\Delta Sales_t$ 为第 t 期营业收入增长率，$Neg\Delta Sales_t$ 较为特殊，当 $\Delta Sales_t$ 小于 0 时，其值同 $\Delta Sales_t$；当 $\Delta Sales_t$ 大于 0 时，其值为 0。安德森等（Anderson et al., 2003）认为，营业收入上升带来的成本变化大于其下降相同幅度带来的成本变化，$Neg\Delta Sales_t$ 恰好刻画了这种差异。

对模型（4.9）做回归，得到核心盈余（CE_t）的估计值，即预期核心盈余，真实核心盈余与预期核心盈余的差额即未预期核心盈余，记为 CEM。同理，对模型（4.10）做回归，得到核心盈余变化（ΔCE_t）的估计值，将其作为预期核心盈余变化，真实核心盈余变化与预期核心盈余变化的差额作为未预期核心盈余变化，记为 deltaCEM，用作稳健性检验。

4.3.2.2 解释变量

股权质押（PLEDGE）。本书借鉴谢德仁等（2016）的方法，根据年末是否存在股权质押设置虚拟变量，存在股权质押为 1，否则为 0。为了进一步研究股权质押与盈余管理的影响，我们在稳健性检验部分具体区分了控股股东（含实际控制人）股权质押与非控股股东股权质押、新增质押与非新增质押，并且设置了质押比例的连续变量，该值越大，股东承受的股价压力越大，进行市值管理的动机越强。

4.3.2.3 控制变量

本章筛选如下控制变量：公司规模 SIZE，即公司总资产的自然对数；资产负债率 LEV，即负债总计与资产总计的比值；公司盈利能力 ROA，即公司净利润与公司总资产的比例；公司账面市值比 BM，即公司权益的市场价值与账面价值之比；是否聘任四大审计师 Big4，若上市公司年报的审计师为普华永道、毕马威、安永、德勤四大会计师事务所取值为 1，否则为 0；融资约束程度 KZ，借鉴卡普兰和津加雷斯（Kaplan and Zingales，1997），根据公司经营性净现金流、股利、现金持有、资产负债率以及 Tobin's Q 等财务指标构建融资约束指数；营业收入增长率 GROWTH，即（当年营业收入 - 去年营业收入）/去年营业收入；董事会规模 BOARDSIZE，即董事会人数的对数；GDP 增速 Gdp，国内生产总值（比上年同期增长）（%）；两职合一（DUAL），即董事长和总经理为一人取值 1，否则为 0；考虑到不同盈余管理方式间相互影响，因此本书控制了除被解释变量之外的两种盈余管理方式；同时，在模型中控制年度和公司效应。具体的变量定义如表 4.2 所示。

表 4.2   变量定义与度量

变量类型	变量名称	变量代码	变量取值方法及说明
被解释变量（EM）	应计盈余管理（AEM）	AEM	应计盈余管理程度，依据德乔夫等（Dechow et al.，1995）的方法
	真实盈余管理（REM）	REM	真实盈余管理程度，依据罗乔杜里（Roychowdhury，2006）的方法
	归类变更盈余管理（CEM）	CEM	非预期核心盈余，依据 McVay（2006）方法
解释变量	股权质押	PLEDGE	虚拟变量，期末存在股权质押取 1，否则取 0
控制变量	企业规模	SIZE	总资产的自然对数
	账面市值比	BM	为公司权益的市场价值与账面价值之比
	资产负债率	LEV	负债总计与资产总计的比值
	营业收入增长率	GROWTH	（当年营业收入 - 去年营业收入）/去年营业收入
	董事会规模	BOARDSIZE	董事会人数的对数
	GDP 增速	Gdp	国内生产总值（比上年同期增长）（%）
	融资约束程度	KZ	借鉴卡普兰和津加莱斯（1997）（Kaplan and Zingales，1997），根据公司经营性净现金流、股利、现金持有、资产负债率以及 Tobin's Q 等财务指标构建融资约束指数

变量类型	变量名称	变量代码	变量取值方法及说明
控制变量	盈利能力	ROA	为公司净利润与公司总资产的比例
	两职合一	DUAL	董事长和总经理为一人取值1，否则为0
	是否聘任四大审计师	Big4	若上市公司年报的审计师为普华永道、毕马威、安永、德勤四大会计师事务所取值为1，否则为0

4.3.3 模型设定

$$EM = a_0 + a_1 PLEDGE + \chi EM' + \beta \sum CONTROLS + \varepsilon \quad (4.11)$$

其中，EM 代表应计盈余管理（AEM）、真实盈余管理（REM）和归类变更盈余管理（CEM）三种盈余管理程度。EM′表示除被解释变量之外的其余两种盈余管理方式，$\sum$ CONTROLS 表示控制变量集合，包括企业规模（SIZE）、融资约束程度（KZ）、账面市值比（BM）、资产负债率（LEV）、公司盈利能力（ROA）、营业收入增长率（GROWTH）是否聘任四大审计师（Big4）、董事会规模（BOARDSIZE）、两职合一（DUAL）、GDP 增速（Gdp），ε 代表残差项。

4.4 实证结果

4.4.1 描述性统计分析

4.4.1.1 样本分布

从表4.3 Panel A 可以看出，股权质押在2008年金融危机后一直呈现上升趋势，股权质押比例从2008年的22%持续上升至2017年的59%。随着2017年股权质押危机频现，2018年上市公司股权质押比例略有下降。从统计数据看，股权质押在资本市场上普及程度越来越高。与此同时，也预示了未来资本市场受股权质押的影响也将越来越大。

从表 4.3 Panel B 可以看出，质押比例高的上市公司，集中分布在房地产，租赁和商务服务业，信息传输、软件和信息技术服务业，科学研究和技术服务业，文化、体育和娱乐业，水利、环境和公共设施管理业等行业。分析股权质押的行业分布，我们可以看出，股权质押主要集中在研发创新领域以及"轻资产"企业中。其中，信息传输、软件和信息技术服务业以及科学研究和技术服务业皆属于研发创新密集型行业，研发创新行业具有前期投入大，不确定性高，获益周期长等特征。因此可以通过股权质押便捷地获得大量资金投入研发，加速成果转化。同样的，对于文娱行业和房地产行业，股权质押也很普遍。据悉，文娱行业有多家公司控股股东质押比例高达90%，随着"贾跃亭"案件浮出水面，影视行业成为继房地产行业之后的又一股权质押"高危区"。然而，同房地产行业类似，文娱公司多属于"轻资产"型，估值泡沫化严重，对质押融资较为依赖。并且，文娱公司的资金回笼较慢，从前期投入包括后期制作、播出（上映）需要实现资金回流，因此，股权质押比例也很高。

相对而言，像机械、化工这类传统行业上市公司股权质押率反而偏低，这可能与传统行业业态固化，循环较为畅通有关。由此可见，近年来国家的政策红利，以及企业自身的规范化生产对企业资金层面产生了积极的效果。

从表 4.3 Panel C 可以看出，非国有企业更倾向于股权质押融资，且质押比例超过国有企业的三倍多。由此可见，相对于国有企业，非国有企业尤其是高新技术行业依靠股权质押融资，缓解了当下的资金困境，成功为非国有企业"输血"。

表 4.3　　　　　　　　样本年度、行业、企业性质分布情况　　　　　　单位：家

Panel A：按年度分类				
年份	无股权质押公司数	有股权质押公司数	总计	质押公司占比（%）
2008	818	236	1 054	22
2009	900	292	1 192	25
2010	946	307	1 253	25
2011	989	371	1 360	27

续表

Panel A：按年度分类

年份	无股权质押公司数	有股权质押公司数	总计	质押公司占比（%）
2012	1 202	520	1 722	30
2013	1 255	721	1 976	37
2014	1 214	840	2 054	41
2015	1 005	1 021	2 026	50
2016	948	1 165	2 113	55
2017	822	1 186	2 008	59
2018	919	1 126	2 045	55
总计	11 018	7 785	18 803	41

Panel B：按行业分类

行业	非质押组	质押组	总计	质押占比（%）
农、林、牧、渔业	172	130	302	43
采矿业	373	196	569	34
制造业	6 314	5 060	11 374	44
电力、热力、燃气及水生产和供应业	639	162	801	20
建筑业	360	146	506	29
批发和零售业	883	380	1 263	30
交通运输、仓储和邮政业	579	100	679	15
住宿和餐饮业	39	16	55	29
信息传输、软件和信息技术服务业	563	632	1 195	53
房地产	495	384	879	44
租赁和商务服务业	145	135	280	48
科学研究和技术服务业	74	69	143	48
水利、环境和公共设施管理业	127	153	280	55
教育	1	2	3	67
卫生和社会工作	1	18	19	95
文化、体育和娱乐业	152	126	278	45
综合	101	76	177	43
总计	11 018	7 785	18 803	41

Panel C：按企业性质分类			
企业类型	非质押组	质押组	总计	质押占比（%）
非国企	3 769	6 260	10 029	62
国企	7 226	1 520	8 746	17
总计	11 018	7 785	18 803	41

4.4.1.2 描述性统计分析

主要变量的描述性统计如表 4.4 所示。在三类盈余管理方式中，真实盈余管理（REM）标准差最大，应计盈余管理（AEM）次之，归类变更盈余管理（CEM）最小，说明真实盈余管理手段在企业中差别较大，超过另外两种盈余管理方式。本书样本统计中，股权质押占比约 41.4%，标准差为 0.493，说明股权质押在我国上市公司融资领域十分普及。样本中经四大会计师事务所（Big4）审计的公司占到 6%，国有企业（SOE = 1）占比 46.6%，总而言之，控制变量均与以往研究结果一致。

4.4.1.3 单变量差异性检验

两样本单变量差异性检验如表 4.4 的 Panel B 所示，存在股权质押样本和不存在股权质押样本在应计盈余管理变量（AEM）、真实盈余管理变量（REM）上均存在显著差异，在归类变更盈余管理（CEM）差异不显著，说明上市公司股权质押后，普遍进行应计盈余管理和真实盈余管理行为。

表 4.4　　　　　相关变量描述性统计分析及差异性检验

Panel A 主要变量描述性统计					
变量	样本数（家）	均值	标准差	最小值	中位数	最大值
AEM	18 803	− 0.002	0.107	− 0.927	− 0.003	0.683
REM	18 803	− 0.005	0.216	− 1.881	0.005	1.328
CEM	18 803	0.002	0.062	− 0.294	− 0.000	0.333
PLEDGE	18 803	0.414	0.493	0.000	0.000	1.000

续表

Panel A 主要变量描述性统计

变量	样本数（家）	均值	标准差	最小值	中位数	最大值
LEV	18 803	0.462	0.224	0.026	0.457	3.061
SIZE	18 803	21.494	1.474	16.161	21.379	25.781
KZ	18 803	0.594	1.742	−8.058	0.771	8.323
ROA	18 803	0.034	0.064	−0.581	0.033	0.335
Big4	18 803	0.060	0.238	0.000	0.000	1.000
Gdp	18 803	7.821	1.286	6.400	7.300	10.600
GROWTH	18 803	0.206	0.600	−0.902	0.112	8.401
DUAL	18 803	0.222	0.415	0.000	0.000	1.000
BM	18 803	0.575	0.235	0.059	0.569	1.157
BOARDSIZE	18 803	2.266	0.178	1.792	2.303	2.773
SOE	18 803	0.466	0.499	0.000	0.000	1.000

Panel B 单变量差异性检验

变量	PLEDGE = 0	Mean	PLEDGE = 1	Mean	MeanDiff
AEM	11 018	−0.006	7 785	0.003	−0.010 ***
REM	11 018	−0.015	7 785	0.009	−0.024 ***
CEM	11 018	0.002	7 785	0.001	0.000

4.4.2 相关性分析

表 4.5 报告了主要变量间的相关系数。其中，股权质押（PLEDGE）和应计盈余管理（AEM）及真实盈余管理（REM）均显著正相关，表明存在股权质押的上市公司会进行应计盈余管理和真实盈余管理；股权质押（PLEDGE）和归类变更盈余管理（CEM）相关关系不显著，说明在不考虑其他因素的情况下，股东股权质押对上市公司的归类变更盈余管理（CEM）行为影响不明显；应计盈余管理（AEM）与真实盈余管理（REM）显著正相关，说明上市公司一般而言，会同时存在应计盈余管理和真实盈余管理行为。归类变更盈余管理（CEM）和应计盈余管理（AEM）与真实盈余管理（REM）均显著负相关，说明归类变更盈余管理和另外两种盈余管理方式之间均存在替代关系。

表4.5

相关性分析

	AEM	REM	CEM	PLEDGE	LEV	SIZE	KZ	ROA	Big4	Gdp	GROWTH	DUAL	BM	BOARDSIZE	SOE
AEM	1.000														
REM	0.255*** (0.000)	1.000													
CEM	-0.056*** (0.000)	-0.233*** (0.000)	1.000												
PLEDGE	0.044*** (0.000)	0.055*** (0.000)	0.000 (0.981)	1.000											
LEV	-0.047*** (0.000)	0.197*** (0.000)	-0.065*** (0.000)	-0.074*** (0.000)	1.000										
SIZE	0.041*** (0.000)	-0.037*** (0.000)	0.018** (0.015)	-0.119*** (0.000)	0.332*** (0.000)	1.000									
KZ	0.208*** (0.000)	0.503*** (0.000)	-0.202*** (0.000)	0.035*** (0.000)	0.563*** (0.000)	-0.070*** (0.000)	1.000								
ROA	0.272*** (0.000)	-0.419*** (0.000)	0.216*** (0.000)	-0.032*** (0.000)	-0.336*** (0.000)	0.127*** (0.000)	-0.489*** (0.000)	1.000							
Big4	-0.004 (0.561)	-0.051*** (0.000)	0.015** (0.037)	-0.118*** (0.000)	0.086*** (0.000)	0.331*** (0.000)	-0.039*** (0.000)	0.044*** (0.000)	1.000						

续表

	AEM	REM	CEM	PLEDGE	LEV	SIZE	KZ	ROA	Big4	Gdp	GROWTH	DUAL	BM	BOARDSIZE	SOE
Gdp	0.003 (0.660)	-0.040*** (0.000)	-0.002 (0.811)	-0.241*** (0.000)	0.158*** (0.000)	-0.119*** (0.000)	0.028*** (0.000)	0.057*** (0.000)	0.005 (0.467)	1.000					
GROWTH	0.026*** (0.000)	-0.107*** (0.000)	-0.015** (0.047)	0.075*** (0.000)	0.029*** (0.000)	0.063*** (0.000)	-0.171*** (0.000)	0.171*** (0.000)	-0.017** (0.020)	0.047*** (0.000)	1.000				
DUAL	-0.009 (0.210)	-0.020*** (0.005)	0.007 (0.322)	0.152*** (0.000)	-0.114*** (0.000)	-0.134*** (0.000)	-0.039*** (0.000)	0.006 (0.373)	-0.055*** (0.000)	-0.098*** (0.000)	0.016** (0.027)	1.000			
BM	-0.001 (0.891)	0.128*** (0.000)	-0.006 (0.404)	-0.121*** (0.000)	0.324*** (0.000)	0.493*** (0.000)	0.096*** (0.000)	-0.174*** (0.000)	0.188*** (0.000)	-0.006 (0.384)	-0.109*** (0.000)	-0.116*** (0.000)	1.000		
BOARDSIZE	0.029*** (0.000)	-0.017** (0.021)	0.012 (0.114)	-0.152*** (0.000)	0.140*** (0.000)	0.234*** (0.000)	-0.022*** (0.003)	0.038*** (0.000)	0.092*** (0.000)	0.136*** (0.000)	-0.018** (0.015)	-0.180*** (0.000)	0.176*** (0.000)	1.000	
SOE	-0.006 (0.432)	0.047*** (0.000)	-0.003 (0.635)	-0.456*** (0.000)	0.243*** (0.000)	0.280*** (0.000)	0.095*** (0.000)	-0.058*** (0.000)	0.132*** (0.000)	0.175*** (0.000)	-0.057*** (0.000)	-0.268*** (0.000)	0.213*** (0.000)	0.254*** (0.000)	1.000

注：括号内为 p 值；***、**、* 分别表示在 1%、5% 和 10%水平上显著。

4.4.3　实证结果分析

控股股东股权质押与盈余管理

表 4.6 验证了是否存在股权质押与公司盈余管理程度的回归关系，（1）和（2）被解释变量为应计盈余管理，（3）和（4）被解释变量为真实盈余管理，（5）和（6）被解释变量为归类变更盈余管理。从回归结果可以看出，股权质押变量（PLEDGE）与应计盈余管理（AEM）回归系数在不添加控制变量和添加控制变量时分别为 0.047 和 0.037，且均在 1% 水平上显著为正，说明存在股权质押的企业有动机进行应计盈余管理。股权质押变量（PLEDGE）与真实盈余管理（REM）回归系数在不添加控制变量和添加控制变量时分别为 0.015 和 0.025，分别在 10% 和 1% 水平上显著为正，说明存在股权质押的企业有动机进行真实盈余管理行为。股权质押变量（PLEDGE）与归类变更盈余管理（CEM）回归系数在不添加控制变量和添加控制变量时分别为 0.045 和 0.042，且均在 5% 水平上显著为正，说明存在股权质押的企业有动机进行归类变更盈余管理行为。以上结论说明，存在股权质押的上市公司有动机通过多种盈余管理途径实现盈余目标，尤其加入了归类变更盈余管理行为后，弥补了以往对股权质押与盈余管理行为方面研究的漏洞。

从控制变量回归结果可以看出，应计盈余管理与真实盈余管理通常同时存在于企业当中，而归类变更盈余管理行为与其他两种盈余管理行为相互替代。此外，LEV 与 AEM 和 REM 回归系数显著为负，而与 CEM 回归系数显著为正，说明负债比率越高，越倾向进行归类变更盈余管理，替代应计盈余管理和真实盈余管理。SIZE 与 AEM 和 REM 的回归系数显著为正，与 CEM 回归系数显著为负，说明企业规模越大，越常用应计盈余管理和真实盈余管理，而越不重视核心盈余。BM 与 CEM 回归系数显著为正，说明公司估值越高，越注重强化自身的核心盈余，因此有动机进行归类变更盈余管理，此处应提醒监管部门和利益相关者注意。

表 4.6　　　　　　　　　　股权质押与三种盈余管理方式

	(1) AEM1	(2) AEM2	(3) REM1	(4) REM2	(5) CEM1	(6) CEM2
PLEDGE	0.047 *** (4.300)	0.037 *** (3.899)	0.015 * (1.753)	0.025 *** (3.186)	0.045 ** (2.081)	0.042 ** (2.217)
AEM			0.226 *** (38.889)	0.239 *** (39.115)	0.004 (0.243)	-0.051 *** (-3.322)
REM	0.373 *** (38.889)	0.356 *** (39.115)			-0.526 *** (-27.291)	-0.270 *** (-14.445)
CEM	0.001 (0.243)	-0.015 *** (-4.271)	-0.082 *** (-27.291)	-0.039 *** (-13.677)		
LEV		-0.603 *** (-19.967)		-0.134 *** (-5.353)		0.555 *** (9.195)
SIZE		0.026 *** (3.734)		0.013 ** (2.216)		-0.099 *** (-7.147)
KZ		0.147 *** (45.408)		0.080 *** (29.033)		-0.097 *** (-14.231)
ROA		4.201 *** (59.923)		-2.106 *** (-34.358)		2.829 *** (18.686)
Big4		0.033 (0.956)		0.049 * (1.738)		0.051 (0.758)
Gdp		0.018 *** (3.245)		0.002 (0.381)		-0.054 *** (-4.891)
GROWTH		0.047 *** (7.920)		-0.005 (-0.955)		-0.114 *** (-9.628)
DUAL		0.012 (1.026)		0.003 (0.347)		0.020 (0.851)
BM		-0.000 (-0.000)		0.099 *** (4.686)		0.203 *** (3.987)

续表

	（1） AEM1	（2） AEM2	（3） REM1	（4） REM2	（5） CEM1	（6） CEM2
BOARDSIZE		0.020 （0.555）		0.026 （0.880）		－0.034 （－0.473）
_cons	－0.014 （－0.918）	－0.674 *** （－3.759）	－0.043 *** （－3.605）	－0.352 ** （－2.397）	－0.023 （－0.759）	2.295 *** （6.467）
FIRM	Y	Y	Y	Y	Y	Y
YEAR	Y	Y	Y	Y	Y	Y
R^2	0.091	0.336	0.133	0.298	0.048	0.089
F	126.238	377.284	194.694	316.240	63.197	72.765
N	18 803	18 803	18 803	18 803	18 803	18 803

注：括号内为 t 值；***、**、* 分别表示在 1%、5% 和 10% 水平上显著。

4.4.4　稳健性检验

4.4.4.1　变量替换

（1）股权质押变量替换。首先，我们用股权质押连续变量的对数（lnPledRatio）替换股权质押虚拟变量（PLEDGE），重复上述回归检验。其中，lnPledRatio 具体计算为 ln（股权质押股数/上市公司总股数 × 100），发现随着股权质押在上市公司中占比升高，上市公司的三种盈余管理程度均显著增加。随后，我们依据企业年度内是否存在新增质押、是否存在控股股东质押分别设置新增质押虚拟变量（PLEDGE_N）、控股股东股权质押虚拟变量（PLEDGE_K），替换主回归模型中的股权质押虚拟变量 PLEDGE，同样验证了股权质押与盈余管理间正向关系的稳健性，如表 4.7 和表 4.8 所示。

表 4.7 股权质押比例与三种盈余管理方式

	(1) AEM	(2) REM	(3) CEM
lnPledRatio	0.006 * (1.942)	0.004 ** (1.967)	0.016 ** (1.999)
AEM		0.164 *** (34.549)	−0.151 *** (−9.109)
REM	0.363 *** (53.172)		−0.354 *** (−17.041)
CEM	−0.024 *** (−8.657)	−0.025 *** (−8.786)	
LEV	−0.107 *** (−4.843)	0.138 *** (9.388)	0.089 (1.415)
SIZE	0.003 (0.492)	−0.005 (−0.973)	−0.017 (−1.081)
Big4	−0.006 (−0.213)	0.000 (0.017)	0.064 (0.829)
ROA	3.201 *** (56.746)	−1.288 *** (−34.128)	3.886 *** (22.853)
GROWTH	−0.053 *** (−11.445)	0.046 *** (15.363)	−0.088 *** (−6.702)
BOARDSIZE	0.033 (1.154)	0.016 (0.852)	−0.055 (−0.686)
Gdp	−0.015 *** (−3.348)	0.022 *** (7.311)	−0.024 * (−1.865)
DUAL	0.004 (0.426)	0.007 (1.161)	0.012 (0.456)
Shrcr1	−0.000 (−0.027)	0.001 *** (4.175)	−0.001 (−0.575)

续表

	（1） AEM	（2） REM	（3） CEM
BM	0.053 ** （2.545）	−0.093 *** （−6.855）	0.264 *** （4.477）
_cons	−0.137 （−0.957）	0.079 （0.584）	0.451 （1.116）
FIRM	Y	Y	Y
YEAR	Y	Y	Y
R^2	0.260	0.140	0.080
F	262.557	121.059	64.630
N	18 803	18 803	18 803

注：括号内为 t 值；*** 、** 、* 分别表示在 1%、5% 和 10% 水平上显著。

表 4.8　　　　控股股东股权质押及新增质押与三种盈余管理方式

	（1） AEM	（2） REM	（3） CEM	（4） AEM	（5） REM	（6） CEM
PLEDGE_K	0.013 * （1.731）	0.019 ** （2.489）	0.025 * （1.927）			
PLEDGE_N				0.033 *** （3.954）	0.020 *** （2.828）	0.025 ** （2.099）
AEM		0.240 *** （39.207）	−0.013 （−1.188）		0.239 *** （39.128）	−0.013 （−1.225）
REM	0.298 *** （39.355）		−0.161 *** （−12.084）	0.356 *** （39.128）		−0.161 *** （−12.093）
CEM	−0.011 ** （−2.299）	−0.039 *** （−13.653）		−0.015 *** （−4.230）	−0.039 *** （−13.643）	
LEV	−0.576 *** （−22.885）	−0.134 *** （−5.348）	0.371 *** （8.616）	−0.602 *** （−19.955）	−0.134 *** （−5.346）	0.371 *** （8.617）

续表

	（1） AEM	（2） REM	（3） CEM	（4） AEM	（5） REM	（6） CEM
SIZE	0.032 *** （5.420）	0.014 ** （2.387）	−0.111 *** （−11.279）	0.027 *** （3.899）	0.013 ** （2.365）	−0.111 *** （−11.291）
KZ	0.129 *** （47.520）	0.080 *** （29.001）	−0.060 *** （−12.320）	0.148 *** （45.418）	0.080 *** （29.035）	−0.059 *** （−12.291）
ROA	3.676 *** （63.350）	−2.110 *** （−34.418）	1.197 *** （11.103）	4.201 *** （59.932）	−2.106 *** （−34.358）	1.202 *** （11.141）
Big4	0.011 （0.371）	0.048 * （1.717）	0.040 （0.835）	0.033 （0.963）	0.049 * （1.737）	0.041 （0.850）
Gdp	0.008 * （1.713）	0.001 （0.284）	−0.030 *** （−3.807）	0.017 *** （3.051）	0.001 （0.215）	−0.030 *** （−3.865）
GROWTH	0.013 *** （2.648）	−0.005 （−0.925）	−0.011 （−1.265）	0.047 *** （7.862）	−0.005 （−0.993）	−0.011 （−1.317）
DUAL	0.008 （0.778）	0.003 （0.324）	0.027 （1.612）	0.012 （1.016）	0.003 （0.338）	0.027 （1.623）
BM	0.022 （1.028）	0.098 *** （4.646）	0.054 （1.476）	−0.002 （−0.090）	0.097 *** （4.613）	0.053 （1.450）
BOARDSIZE	0.030 （0.991）	0.027 （0.912）	−0.039 （−0.778）	0.018 （0.501）	0.025 （0.838）	−0.042 （−0.835）
_cons	−0.743 *** （−4.956）	−0.365 ** （−2.485）	2.818 *** （11.149）	−0.674 *** （−3.762）	−0.354 ** （−2.409）	2.833 *** （11.203）
FIRM	Y	Y	Y	Y	Y	Y
YEAR	Y	Y	Y	Y	Y	Y
R^2	0.353	0.297	0.059	0.336	0.297	0.059
F	407.348	315.984	47.180	377.313	316.100	47.213
N	18 803	18 803	18 803	18 803	18 803	18 803

注：括号内为 t 值；*** 、** 、* 分别表示在1%、5%和10%水平上显著。

（2）盈余管理变量替换。对于应计盈余管理，陆建桥（1999）曾对修正的琼斯模型提出异议，认为其忽视了无形资产和其他长期资产对非操控性应计利润的影响，于是我们用陆建桥提出的扩展后的琼斯模型。此外，还借鉴了麦克尼科尔斯（McNichols，2002）、德乔夫和迪切夫（Dechow 和 Dichev，2002）的模型分别替换修正的琼斯模型进行检验。对于归类变更盈余管理方式，本书参考麦克维（McVay，2006）的做法，估计"未预期核心收益变化"来替代"未预期核心收益"来衡量归类变更盈余管理程度，结果如表 4.9 所示。由此可见，股权质押确实会促进公司进行盈余管理行为，本书结论可靠。

表 4.9　股权质押与应计盈余管理及归类变更盈余管理的替换变量检验

	（1） DDModel	（2） McNicholsModel	（3） J. Q. LUModel	（4） deltaCEM
PLEDGE	0.049 *** （2.911）	0.005 *** （2.914）	0.004 ** （2.412）	0.001 ** （2.140）
AEM				−0.001 * （−1.758）
REM	0.261 *** （13.849）	0.029 *** （14.348）	0.052 *** （27.097）	−0.010 *** （−12.197）
CEM	0.045 *** （5.472）	0.008 *** （9.289）	0.000 （0.028）	
LEV	−0.705 *** （−13.734）	−0.072 *** （−13.117）	−0.085 *** （−16.552）	0.029 *** （14.109）
SIZE	0.080 *** （10.452）	0.005 *** （5.870）	0.004 *** （5.227）	−0.007 *** （−24.195）
KZ	0.029 *** （4.233）	0.003 *** （4.116）	0.015 *** （22.364）	−0.003 *** （−10.031）
ROA	5.037 *** （27.891）	0.474 *** （24.729）	0.521 *** （29.977）	0.064 *** （9.563）

	(1) DDModel	(2) McNicholsModel	(3) J. Q. LUModel	(4) deltaCEM
Big4	-0. 102 *** (-3. 042)	-0. 006 * (-1. 775)	-0. 006 (-1. 526)	0. 006 *** (4. 544)
Gdp	0. 022 * (1. 674)	0. 003 ** (2. 418)	0. 005 *** (3. 062)	-0. 001 ** (-2. 088)
GROWTH	0. 340 *** (25. 735)	0. 011 *** (7. 691)	0. 024 *** (17. 211)	-0. 000 (-0. 349)
DUAL	0. 027 (1. 373)	0. 001 (0. 486)	0. 006 *** (2. 815)	0. 000 (0. 416)
BM	-0. 105 ** (-2. 298)	-0. 001 (-0. 205)	-0. 010 ** (-2. 264)	0. 012 *** (6. 795)
BOARDSIZE	0. 047 (1. 029)	0. 010 ** (1. 997)	0. 008 * (1. 832)	0. 001 (0. 648)
_cons	-1. 748 *** (-8. 184)	-0. 128 *** (-5. 624)	-0. 120 *** (-4. 956)	0. 159 *** (19. 835)
IND	Y	Y	Y	Y
YEAR	Y	Y	Y	Y
R^2	0. 178	0. 110	0. 184	0. 078
F	82. 149	46. 934	76. 872	40. 153
N	14 458	14 450	13 329	18 910

注：括号内为 t 值；*** 、** 、* 分别表示在 1%、5% 和 10% 水平上显著。

4. 4. 4. 2 "U 型"关系检验

为了验证股权质押与盈余管理间是否存在"U 型"关系，本书借鉴林德和梅卢姆（Lind and Mehlum，2010）的方法，在回归模型中加入股权质押连续变量的平方项 lnPledRatio2，并进行检验。结果如表 4. 10 所示，股权质押连续变量的平方项（lnPledRatio2）均不显著，且 UTest 不能拒绝线性关系的原假设，说明股权质押与盈余管理不存在"U 型"关系，进一步说明本书结果的可靠性。

表 4.10　　　　　　　　　股权质押与盈余管理的 "U" 型关系检验

	(1) AEM	(2) REM	(3) CEM
lnPledRatio	0.012 (0.959)	−0.004 (−0.515)	0.042 (1.234)
lnPledRatio2	−0.002 (−0.517)	0.002 (1.000)	−0.008 (−0.787)
AEM		0.164*** (34.550)	−0.151*** (−9.111)
REM	0.363*** (53.173)		−0.354*** (−17.035)
CEM	−0.024*** (−8.659)	−0.025*** (−8.782)	
LEV	−0.108*** (−4.852)	0.138*** (9.403)	0.088 (1.399)
SIZE	0.003 (0.509)	−0.005 (−0.984)	−0.017 (−1.054)
Big4	−0.006 (−0.215)	0.000 (0.020)	0.064 (0.827)
ROA	3.200*** (56.735)	−1.288*** (−34.119)	3.885*** (22.844)
GROWTH	−0.053*** (−11.445)	0.046*** (15.353)	−0.088*** (−6.702)
BOARDSIZE	0.033 (1.161)	0.016 (0.837)	−0.055 (−0.676)
Gdp	−0.015*** (−3.329)	0.022*** (7.286)	−0.024* (−1.838)
DUAL	0.004 (0.439)	0.007 (1.137)	0.013 (0.475)

	(1) AEM	(2) REM	(3) CEM
Shrcr1	-0.000 (-0.002)	0.001*** (4.120)	-0.001 (-0.536)
BM	0.054** (2.567)	-0.094*** (-6.901)	0.266*** (4.510)
_cons	-0.141 (-0.983)	0.082 (0.610)	0.434 (1.073)
FIRM	Y	Y	Y
YEAR	Y	Y	Y
UTest ($P > |t|$)	0.409 (0.230)	0.303 (0.520)	0.312 (0.490)
R^2	0.260	0.140	0.080
F	251.142	115.839	61.846
N	18 803	18 803	18 803

注：括号内为 t 值；***、**、* 分别表示在1%、5%和10%水平上显著。

4.4.4.3 实证方法替换

本书采用混合 OLS 替代固定效应模型对结论进一步验证，结果如表 4.11 所示，发现替换回归方法，结果依然稳健。

表4.11　　　　　　股权质押与三种盈余管理变量的混合 OLS 回归结果

	(1) AEM	(2) REM	(3) CEM
PLEDGE	0.037*** (5.655)	0.017*** (2.897)	0.035** (2.394)
AEM		0.256*** (41.168)	-0.064*** (-3.934)

续表

	（1）AEM	（2）REM	（3）CEM
REM	0.321 *** (41.168)		−0.251 *** (−13.942)
CEM	−0.013 *** (−3.934)	−0.040 *** (−13.942)	
LEV	−0.547 *** (−26.812)	−0.187 *** (−10.114)	0.499 *** (10.824)
SIZE	0.023 *** (7.707)	0.003 (1.049)	−0.063 *** (−9.381)
KZ	0.134 *** (49.956)	0.093 *** (37.903)	−0.071 *** (−11.272)
ROA	4.394 *** (72.981)	−2.578 *** (−44.494)	2.840 *** (18.903)
Big4	−0.007 (−0.524)	−0.053 *** (−4.455)	0.023 (0.783)
Gdp	0.010 ** (2.173)	0.006 (1.440)	−0.023 ** (−2.120)
GROWTH	0.049 *** (9.073)	0.013 *** (2.760)	−0.115 *** (−9.503)
DUAL	0.008 (1.025)	−0.019 *** (−2.877)	0.004 (0.240)
BM	0.098 *** (5.437)	0.233 *** (14.579)	0.313 *** (7.828)
BOARDSIZE	0.087 *** (4.907)	−0.014 (−0.877)	0.040 (1.010)
_cons	−0.738 *** (−9.193)	−0.160 ** (−2.224)	1.042 *** (5.829)

续表

	(1) AEM	(2) REM	(3) CEM
IND	Y	Y	Y
YEAR	Y	Y	Y
R^2	0. 344	0. 417	0. 090
F	247. 935	339. 428	47. 132
N	18 995	18 995	18 995

注：括号内为 t 值；*** 、** 、* 分别表示在 1%、5% 和 10% 水平上显著。

4.4.5 内生性问题

4.4.5.1 工具变量（IV）法

为了排除股权质押与盈余管理因果倒置的内生性问题，本书采取工具变量法。参考谢德仁等（2016）的做法，选择行业和省份的股权质押均值作为工具变量，第一阶段回归中，股权质押行业均值及省份均值均与股权质押变量显著正相关；第二阶段回归中，用股权质押估计值作为代理变量，结果仍与三种盈余管理程度的代理变量显著正相关，说明考虑内生性问题后，本书结论仍然成立，部分结果如表 4.12 所示。

表 4.12　　　　　　　　　工具变量法两阶段回归结果

	(1) 第一阶段 PLEDGE	(2) 第二阶段 AEM	(3) 第一阶段 PLEDGE	(4) 第二阶段 REM	(5) 第一阶段 PLEDGE	(6) 第二阶段 CEM
PLEDGE		0. 264 ** (2. 11)		0. 094 ** (2. 13)		0. 315 ** (2. 34)
lnPledRatio_m	0. 116 *** (8. 20)		0. 132 *** (8. 72)		0. 132 *** (8. 72)	

续表

	(1) 第一阶段	(2) 第二阶段	(3) 第一阶段	(4) 第二阶段	(5) 第一阶段	(6) 第二阶段
	PLEDGE	AEM	PLEDGE	REM	PLEDGE	CEM
lnPledRatio_m1	0.139 *** (9.66)		0.154 *** (10.59)		0.154 *** (10.55)	
AEM			0.054 *** (6.09)	0.279 *** (46.29)	0.038 *** (3.95)	0.012 (0.66)
REM	0.078 *** (5.98)	0.587 *** (14.76)			0.055 *** (4.37)	− 0.413 *** (− 16.51)
CEM	0.010 ** (2.28)	− 0.023 *** (− 2.84)	0.007 * (1.68)	− 0.043 *** (− 16.81)		
SIZE	0.011 (1.18)	0.014 (0.94)	0.010 (1.23)	− 0.013 ** (− 2.47)	0.010 (1.21)	− 0.095 *** (− 5.93)
LEV	− 0.012 *** (− 3.13)	− 0.053 (− 1.41)	− 0.011 * (− 1.81)	0.020 *** (5.31)	− 0.012 ** (− 2.01)	− 0.010 (− 0.86)
Big4	− 0.017 (− 0.65)	0.058 (1.41)	− 0.019 (− 0.67)	− 0.011 (− 0.59)	− 0.018 (− 0.63)	0.044 (0.81)
Shrcr1	− 0.000 (− 0.49)	0.003 *** (3.70)	− 0.000 (− 0.55)	− 0.000 (− 0.11)	− 0.000 (− 0.51)	0.002 * (1.86)
BOARDSIZE	− 0.002 (− 0.06)	0.068 (1.49)	− 0.002 (− 0.07)	0.000 (0.00)	− 0.003 (− 0.10)	− 0.089 (− 1.63)
DUAL	0.002 (0.18)	0.015 (0.94)	0.002 (0.18)	0.005 (0.73)	0.002 (0.19)	0.036 * (1.89)
Observations	18 762	18 762	18 762	18 762	18 762	18 762
R − squared	0.073	0.064	0.074	0.157	0.075	0.003

注：括号内为 t 值；*** 、** 、* 分别表示在1%、5%和10%水平上显著。

4.4.5.2　PSM 配对样本法

由于上市公司在规模、产权性质、盈利能力等方面皆存在差异性。因此，对比不存在股权质押的企业，存在股权质押企业的盈余管理程度可能受到其他因素的干扰，使得股权质押与三种盈余管理手段间的正向关系存在内生性问题。本书借鉴罗森鲍姆和鲁宾（Rosenbaum and Rubin，1983）提出的 PSM 法做进一步分析。具体的，本书建立了一个存在股权质押组（处理组，treatmentgroup）和一个不存在股权质押组（对照组，controlgroup），使得两组除了股权质押以外的其他特征尽可能贴合，比较两组盈余管理行为的差别，以此更加准确地探明股东股权质押与上市公司盈余管理的关系。本章采用近邻匹配法，按照公司规模、行业、产权性质、是否发生并购、销售增长率等等指标进行配对，配对结果如表 4.13，然后回归分析。由表 4.14 可知，股权质押变量（PLEDGE）的回归系数仍然显著为正，进一步证实了研究结论的可靠性。

表 4.13　　　　　　　　　　　各年度匹配结果

2008 年匹配结果	是否在共同取值范围内		总计	2009 年匹配结果	是否在共同取值范围内		总计	2010 年匹配结果	是否在共同取值范围内		总计
	否	是			否	是			否	是	
对照组	13	805	818	对照组	26	874	900	对照组	73	873	946
处理组	1	235	236	处理组	0	292	292	处理组	1	306	307
总计	14	1 040	1 054	总计	26	1 166	1 192	总计	74	1 179	1 253

2011 年匹配结果	是否在共同取值范围内		总计	2012 年匹配结果	是否在共同取值范围内		总计	2013 年匹配结果	是否在共同取值范围内		总计
	否	是			否	是			否	是	
对照组	31	958	989	对照组	12	1 190	1 202	对照组	7	1 248	1 255
处理组	3	368	371	处理组	1	519	520	处理组	0	721	721
总计	34	1 326	1 360	总计	13	1 709	1 722	总计	7	1 969	1 976

续表

2014 年匹配结果			2015 年匹配结果			2016 年匹配结果		
是否在共同取值范围内		总计		是否在共同取值范围内		总计		是否在共同取值范围内		总计

	是否在共同取值范围内		总计		是否在共同取值范围内		总计		是否在共同取值范围内		总计
	否	是			否	是			否	是	
对照组	3	1 211	1 214	对照组	5	1 000	1 005	对照组	5	943	948
处理组	1	839	840	处理组	13	1 008	1 021	处理组	21	1 144	1 165
总计	4	2 050	2 054	总计	18	2 008	2 026	总计	26	2 087	2 113

2017 年匹配结果			2018 年匹配结果					

	是否在共同取值范围内		总计		是否在共同取值范围内		总计				
	否	是			否	是					
对照组	1	821	822	对照组	0	919	919				
处理组	14	1 172	1 186	处理组	10	1 116	1 126				
总计	15	1 993	2 008	总计	10	2 035	2 045				

表 4.14　　　　　　　　　　　　PSM 配对样本检验结果

	(1) AEM	(2) REM	(3) CEM
PLEDGE	0.036 *** (3.837)	0.023 *** (3.028)	0.037 ** (1.966)
AEM		0.228 *** (37.269)	−0.051 *** (−3.299)
REM	0.347 *** (37.269)		−0.273 *** (−14.358)
CEM	−0.015 *** (−4.210)	−0.038 *** (−13.454)	
LEV	−0.624 *** (−20.530)	−0.137 *** (−5.471)	0.580 *** (9.572)

续表

	(1) AEM	(2) REM	(3) CEM
SIZE	0.029 *** (4.187)	0.007 (1.288)	− 0.093 *** (− 6.703)
KZ	0.150 *** (45.436)	0.084 *** (30.295)	− 0.102 *** (− 14.763)
ROA	4.193 *** (59.615)	− 2.034 *** (− 33.366)	2.819 *** (18.633)
Big4	0.049 (1.383)	0.030 (1.063)	0.077 (1.114)
Gdp	0.020 *** (3.671)	− 0.001 (− 0.254)	− 0.050 *** (− 4.616)
GROWTH	0.055 *** (8.233)	0.005 (0.867)	− 0.152 *** (− 11.613)
DUAL	0.014 (1.161)	− 0.000 (− 0.050)	0.022 (0.931)
BM	− 0.002 (− 0.089)	0.120 *** (5.704)	0.189 *** (3.701)
BOARDSIZE	0.022 (0.611)	0.021 (0.729)	− 0.030 (− 0.430)
_cons	− 0.757 *** (− 4.202)	− 0.219 (− 1.496)	2.139 *** (6.016)
FIRM	Y	Y	Y
YEAR	Y	Y	Y
R^2	0.335	0.297	0.092
F	370.526	311.367	74.786
N	18 562	18 562	18 562

注：括号内为 t 值；***、**、* 分别表示在1%、5%和10%水平上显著。

4.4.6　进一步研究

4.4.6.1　国有控股公司和非国有控股公司

相对于国有控股公司，非国有控股公司面临的融资约束更为严重。因此，直观上非国有控股公司比国有控股公司对股权质押融资的诉求更加强烈。而国有控股公司股权性质特殊，在质押危机发生时由政府出面调解，相对容易脱困；而非国有控股公司则不然。因此，相对于国有控股公司，非国有控股公司存在股权质押更容易引发盈余管理。因此，本书将国有控股公司与非国有控股公司分组作为子样本，分别检验股权质押与三种盈余管理手段在国有控股公司和非国有控股公司（下表简称国企和非国企）中的差别。由表 4.15 可以看出，股权质押与三种盈余管理行为仅在非国有控股公司的子样本中显著正相关，在国有控股公司中不显著，从而进一步验证了本书结论。

表 4.15　股权质押与三种盈余管理方式回归结果（基于企业性质划分）

	(1) AEM	(2) AEM	(3) REM	(4) REM	(5) CEM	(6) CEM
	国企	非国企	国企	非国企	国企	非国企
PLEDGE	0.005 (1.545)	0.008 *** (2.698)	0.005 (0.888)	0.015 *** (2.916)	0.001 (0.251)	0.004 * (1.829)
AEM			0.551 *** (27.352)	0.511 *** (26.392)	− 0.011 (− 1.560)	− 0.014 * (− 1.802)
REM	0.156 *** (27.352)	0.159 *** (26.392)			− 0.029 *** (− 7.481)	− 0.035 *** (− 8.351)
CEM	− 0.027 (− 1.560)	− 0.030 * (− 1.802)	− 0.241 *** (− 7.481)	− 0.250 *** (− 8.351)		
LEV	− 0.176 *** (− 14.916)	− 0.141 *** (− 12.364)	− 0.062 *** (− 2.736)	0.002 (0.094)	0.056 *** (7.190)	0.045 *** (5.831)

续表

	（1） AEM	（2） AEM	（3） REM	（4） REM	（5） CEM	（6） CEM
	国企	非国企	国企	非国企	国企	非国企
SIZE	−0. 000 （−0. 165）	0. 011 *** （5. 693）	0. 025 *** （5. 921）	−0. 003 （−0. 905）	−0. 008 *** （−5. 734）	−0. 001 （−0. 780）
KZ	0. 034 *** （30. 954）	0. 029 *** （30. 768）	0. 046 *** （22. 118）	0. 029 *** （16. 292）	−0. 007 *** （−9. 742）	−0. 008 *** （−12. 078）
ROA	0. 866 *** （37. 048）	0. 836 *** （44. 404）	−0. 941 *** （−20. 277）	−0. 861 *** （−23. 640）	0. 246 *** （15. 106）	0. 167 *** （11. 950）
Big4	0. 007 （0. 820）	−0. 003 （−0. 280）	0. 013 （0. 813）	0. 044 * （1. 951）	0. 009 （1. 616）	−0. 005 （−0. 593）
Gdp	−0. 000 （−0. 296）	0. 005 *** （4. 529）	0. 001 （0. 395）	−0. 003 * （−1. 709）	−0. 002 *** （−3. 599）	−0. 001 * （−1. 790）
GROWTH	0. 015 *** （7. 220）	0. 004 ** （2. 073）	−0. 014 *** （−3. 594）	0. 009 *** （2. 816）	−0. 014 *** （−10. 617）	−0. 009 *** （−7. 610）
DUAL	0. 003 （0. 598）	0. 003 （0. 913）	−0. 001 （−0. 086）	0. 001 （0. 171）	0. 001 （0. 229）	0. 000 （0. 051）
BM	0. 025 *** （3. 455）	0. 012 * （1. 655）	−0. 014 （−1. 022）	0. 069 *** （5. 547）	0. 020 *** （4. 191）	0. 004 （0. 876）
BOARDSIZE	−0. 004 （−0. 428）	0. 015 （1. 303）	0. 032 * （1. 679）	−0. 013 （−0. 633）	−0. 013 ** （−2. 007）	−0. 005 （−0. 614）
_cons	0. 036 （0. 664）	−0. 312 *** （−6. 108）	−0. 578 *** （−5. 727）	0. 075 （0. 823）	0. 189 *** （5. 399）	0. 022 （0. 627）
FIRM	Y	Y	Y	Y	Y	Y
YEAR	Y	Y	Y	Y	Y	Y
R^2	0. 317	0. 334	0. 296	0. 252	0. 086	0. 083
F	284. 703	304. 043	257. 227	203. 524	57. 848	55. 001
N	8 959	9 342	8 959	9 342	8 959	9 342

注：括号内为 t 值；*** 、** 、* 分别表示在 1%、5% 和 10% 水平上显著。

4.4.6.2　市场化程度

在中国，不断提高的市场化程度与传统地方保护主义的"痼疾"是转型经济呈现出的特有现象（孙早等，2014）。我国市场化程度的地区差异明显，市场化程度的高低，折射出地方法制化程度、产权保护程度等方面的差异。通常而言，在市场化程度较高地区，市场秩序良好，政府干预特征不明显，企业出于对代理成本和诉讼风险的考量，会倾向于披露高质量的会计信息，约束自身的盈余管理行为。基于樊纲和王小鲁（2004）等关于我国金融业市场化程度的分析，依据企业所在地的市场化总指数评分，本书将样本分为市场化程度高、低两组，分组回归。研究发现，股权质押对真实和归类变更盈余管理的促进作用只在市场化程度低的地区显著，与预期较为相符。

表 4.16　股权质押与三种盈余管理方式回归结果（基于市场化程度划分）

	（1） AEM	（2） AEM	（3） REM	（4） REM	（5） CEM	（6） CEM
	低	高	低	高	低	高
PLEDGE	0.053 *** (3.144)	0.037 *** (2.651)	0.041 *** (2.991)	0.013 (1.165)	0.058 ** (2.037)	−0.004 (−0.130)
AEM			0.198 *** (20.896)	0.271 *** (30.140)	−0.038 * (−1.871)	−0.172 *** (−5.981)
REM	0.303 *** (20.896)	0.441 *** (30.140)			−0.222 *** (−8.879)	−0.238 *** (−6.492)
CEM	−0.015 *** (−2.648)	−0.031 *** (−5.981)	−0.040 *** (−8.464)	−0.026 *** (−6.492)		
LEV	−0.522 *** (−9.755)	−0.585 *** (−10.701)	−0.174 *** (−4.011)	−0.064 (−1.485)	0.786 *** (8.740)	0.427 *** (3.279)
SIZE	0.020 (1.544)	0.056 *** (4.332)	0.053 *** (5.151)	−0.039 *** (−3.851)	−0.151 *** (−7.018)	−0.038 (−1.238)
KZ	0.154 *** (27.060)	0.138 *** (29.163)	0.087 *** (18.442)	0.073 *** (18.877)	−0.112 *** (−11.267)	−0.076 *** (−6.420)

续表

	（1）AEM	（2）AEM	（3）REM	（4）REM	（5）CEM	（6）CEM
	低	高	低	高	低	高
ROA	4.590 ***（32.873）	5.143 ***（36.154）	−2.175 ***（−18.336）	−2.770 ***（−23.660）	3.586 ***（14.509）	6.654 ***（18.565）
Big4	0.106（1.509）	0.027（0.527）	0.006（0.104）	0.072 *（1.763）	0.062（0.523）	−0.077（−0.623）
Gdp	0.048 ***（4.206）	0.070 ***（4.566）	0.004（0.447）	0.005（0.399）	−0.062 ***（−3.236）	−0.027（−0.756）
GROWTH	0.038 ***（3.939）	0.043 ***（4.590）	0.004（0.496）	−0.015 **（−2.081）	−0.096 ***（−6.003）	−0.134 ***（−6.041）
DUAL	−0.015（−0.626）	0.038 **（2.220）	0.012（0.623）	−0.017（−1.236）	0.026（0.645）	0.028（0.703）
BM	0.092 *（1.891）	−0.044（−1.126）	−0.016（−0.410）	0.110 ***（3.610）	0.263 ***（3.228）	0.246 ***（2.679）
BOARDSIZE	0.006（0.093）	0.069（1.298）	−0.041（−0.736）	0.061（1.464）	−0.006（−0.051）	−0.094（−0.749）
_cons	−0.918 ***（−2.693）	−1.935 ***（−5.835）	−0.997 ***（−3.618）	0.729 ***（2.802）	3.343 ***（5.852）	0.719（0.916）
FIRM	Y	Y	Y	Y	Y	Y
YEAR	Y	Y	Y	Y	Y	Y
R^2	0.278	0.367	0.242	0.358	0.102	0.117
F	125.221	184.930	103.599	177.555	36.810	42.439
N	8 375	8 376	8 375	8 376	8 375	8 376

注：括号内为 t 值；*** 、** 、* 分别表示在 1% 、5% 和 10% 水平上显著。

4.4.6.3 股价同步性

巴贝里斯等（Barberis et al. ，2005）认为造成股价同步性降低的原因是噪音，并非特质信息。本书在股权质押与股价同步性关系问题上支持"非理性因素"导致股权同步性降低的观点。由于投资者对股权质押造成的信息不透明表现出恐慌等非理性的特征（夏常源和贾凡胜，2019），导致存在股权质押公司的股价同步性下降。因此，我们借鉴杜尔涅夫等（Durnev et al.，2003）的方法，先运用模型（4.12）估计个股的 R^2，为使 R^2 呈正态分布，我们进一步用模型（4.13）进行对数化处理，最后得到 SYN_i 即为 i 公司的股价同步性变量。

$$RET_{i,t} = \alpha_0 + \alpha_1 Market_t + \beta_1 IndRet_{j,t} + \varepsilon_{i,t} \qquad (4.12)$$

$$SYN_i = \ln\left(\frac{R_i^2}{1 - R_i^2}\right) \qquad (4.13)$$

其中，$RET_{i,t}$ 为第 t 周公司 i 的股票收益率；$Market_t$ 为第 t 周市场收益率；$IndRet_{j,t}$ 为第 t 周公司所在行业 j 的收益率，其依照中国证监会行业分类标准以行业内各公司流通市值为权重加权平均计算而得；R_i^2 为模型（4.12）的年度回归拟合优度。

随后建立如下模型进行回归：

$$\begin{aligned} SYN = {} & \beta_0 + \beta_1 PLEDGE + \beta_2 PLEDGE \cdot EM + \beta_3 EM \\ & + \sum CONTROLS + \varepsilon \end{aligned} \qquad (4.14)$$

回归结果如表 4.17 所示，由于投资者对股权质押表现出恐慌等非理性情绪特征，存在股权质押公司的股价同步性下降。存在股权质押的企业进行应计盈余管理，会加剧投资者非理性情绪，进一步降低股价同步性；存在股权质押的企业进行真实盈余管理对股价同步性影响不明显，原因在于真实盈余管理更具隐蔽性，往往藏匿于企业生产经营活动中，不容易被投资者发现；存在股权质押的企业进行归类变更盈余管理会弱化股权质押对股价同步性的负面影响，说明归类变更盈余管理能够有效稳定投资者情绪，提振投资者信心。

表 4.17　　　　　　　　股权质押、盈余管理方式与股价同步性

	(1) SYN	(2) SYN	(3) SYN
PLEDGE	- 0.043 *** (- 3.119)	- 0.042 *** (- 3.056)	- 0.042 *** (- 3.074)

续表

	(1) SYN	(2) SYN	(3) SYN
P_AEM	-0.033^{*} (-1.755)		
P_REM		-0.015 (-0.694)	
P_CEM			0.016^{*} (1.731)
AEM	0.032^{**} (2.479)	0.026^{**} (2.174)	0.021^{**} (2.002)
REM	-0.001 (-0.064)	-0.004 (-0.270)	-0.009 (-0.648)
CEM	-0.017^{***} (-2.744)	-0.018^{***} (-2.809)	-0.026^{***} (-3.297)
LEV	-0.036 (-0.887)	-0.036 (-0.876)	-0.034 (-0.828)
SIZE	0.032^{***} (3.094)	0.031^{***} (3.042)	0.031^{***} (3.016)
TURNOVER	-0.032^{***} (-17.710)	-0.032^{***} (-17.677)	-0.032^{***} (-17.718)
Shrcr1	-0.002^{**} (-2.146)	-0.002^{**} (-2.158)	-0.002^{**} (-2.147)
ROA	-0.170 (-1.523)	-0.217^{*} (-1.920)	-0.205^{*} (-1.837)
BM	0.416^{***} (10.968)	0.416^{***} (10.981)	0.417^{***} (11.018)
GROWTH	-0.040^{***} (-4.613)	-0.040^{***} (-4.599)	-0.041^{***} (-4.719)

续表

	(1) SYN	(2) SYN	(3) SYN
Big4	0.033 (0.668)	0.034 (0.689)	0.034 (0.692)
_cons	-1.157*** (-5.573)	-1.145*** (-5.514)	-1.141*** (-5.493)
FIRM	Y	Y	Y
YEAR	Y	Y	Y
R^2	0.381	0.381	0.381
F	428.864	428.762	428.887
N	18 374	18 374	18 374

注：括号内为 t 值；***、**、* 分别表示在 1%、5% 和 10% 水平上显著。

4.5 本 章 小 结

本章主要考察了持股股东股权质押对上市公司盈余管理行为的影响。研究发现，持股股东股权质押会诱导上市公司进行盈余管理行为。从盈余管理手段看，企业主要有三种选择：应计盈余管理、真实盈余管理和归类变更盈余管理。应计盈余管理暗指管理层在会计准则默许的范围内，巧用会计政策和会计估计"美化"公司盈余，如利用折旧政策等手段，对会计盈余进行跨期调整，通常用于短期内粉饰报表，达到目标盈余以迎合投资者预期。该法受管理层主观影响，使用便利，却为外部投资者所诟病，使公司更易收到非标准审计意见。真实盈余管理通常依靠实际交易活动的操控，达到盈余目标。比如，通过加速销售、关联交易、股票回购、削减研发投入、处置长期资产等。该手段直接影响公司的现金流，效果立竿见影，但也存在副作用，比如偏离公司的正常经营目标，长期会影响公司经营效率和可持续发展。由于经常性项目缺乏利润操纵空间，因此一些上市公司通过操纵非经常性项目扭亏为盈。比如将营业外收入计入营业收入，或将营业支出计入营业外支出，以此强化核心盈余，也就是本书所谓的归类变更盈余管理方式。在稳健性检验部分，本书替换了股权质押变量、盈余管理变量和实证检验方法，此外，增加了股权质押变量的平方项以排除存在"U型"关系的可能，结论均保持不变。在内生性检验的部分，本书采用工具变量（IV）法和 PSM 配对样本法进行检验，尽可能排除了内生性问题的干扰，结果保持不变。在进一步的研究中，本书发现，在非国有控股公司中，存在股权质押的公司更有动机进行盈余管理；地区的市场化程度越高，对存在股权质押企业的盈余管理行为抑制作用越明显。由于投资者对股权质押表现出恐慌等非理性情绪特征，导致存在股权质押公司的股价同步性下降。存在股权质押的企业进行应计盈余管理，会加剧投资者非理性情绪，进一步降低股价同步性；存在股权质押的企业进行真实盈余管理对股价同步性影响不明显，原因在于真实盈余管理更具隐蔽性，往往藏匿于企业生产经营活动中，不容易被投资者发现；存在股权质押的企业进行归类变更盈余管理会弱化股权质押对股价同步性的负面影响，说明归类变更盈余管理能够有效稳定投资者情绪，提振投资者信心。

第5章 经济政策不确定性、股权质押与盈余管理选择偏好

5.1 引 言

近年来，由于贸易保护主义导致的全球贸易摩擦和逆全球化，各国经济增速持续放缓，经济政策不确定性增加。如何通过稳定的宏观经济政策优化微观主体投融资决策，以巩固经济发展成果值得思考。2008 年金融危机过后，各国政府经济政策调整频率明显提高。原则上，国家各项宏观政策的出台，目的皆是服务于经济增长，进一步弥补市场经济下资源配置方面的不足。尽管如此，如若政府频繁变更宏观经济政策，或者政策实施过程变数增加，则容易带来经济政策不确定性问题。本章所指的经济政策不确定性，是相关方无法预知未来经济政策是否、何时以及如何改变（古伦和伊翁，2016）。如图 5.1 所示，经济政策不确定性指数上浮与国家宏观调控政策的出台关系紧密，经济政策的频繁变动导致的经济政策不确定性也越发引起重视。

2019 年发布的《世界经济展望：增长放缓，复苏不容乐观》[①] 第一章节《全球经济的前景与政策》（global prospects and policies）中曾 36 次提及经济政策不确定性，直指政策高度不确定性减缓了经济增速的现实情况。《2019 年中国商业报告》[②] 也指出，半数以上企业对中美贸易摩擦背景下的

---

① 国际货币基金组织于 2019 年 4 月 2 日发布《世界经济展望：增长放缓，复苏不容乐观》（World Economic Outlook：Growth Slow Down，Precarious Recovery）。

② 《2019 年中国商业报告》由中欧国际工商学院发布，该报告以问卷调查的方式对 1 000 多名企业高管进行调查，调查内容主要是企业高管对宏观经济和企业经营等问题的看法。

关税政策不确定性表示担忧，市场环境恶化使得企业纷纷延缓投资决策。

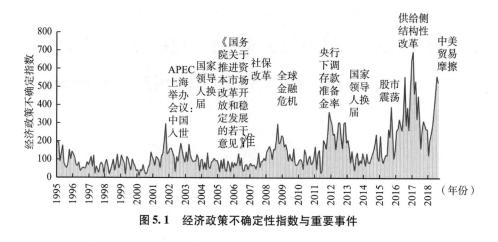

图 5.1　经济政策不确定性指数与重要事件

经济政策不确定性会加大公司的经营风险：一是经济政策不确定性会加剧股价波动，会造成国防、医疗、基础设施建设等政策敏感性行业投资和就业锐减（贝克等，2016），同时引发滞胀甚至经济衰退，且对新兴经济体的影响更加明显，这加大了微观公司面临的外部经济环境风险；二是高度不确定的经济政策导致公司未来现金流的波动性增加，固定资产投资下降（张成思和刘贯春，2019），股价波动性提高（帕斯特和维罗内西，2013），审计收费提高（褚剑等，2018）。在经济政策不确定性高时，微观主体需要根据宏观经济政策的变化不断调整其经营行为及发展战略。这表明企业会密切关注经济政策不确定性动态，对企业而言具有较高的研究价值。

已有研究证实，经济政策不确定性会对宏观经济增长造成消极影响。近年来，研究视角逐步由宏观向微观过渡。研究发现，经济政策不确定性对股票价格（帕斯特和维罗内西，2013）、企业投资决策（古伦和伊翁，2016；饶品贵等，2017）、现金持有决策（李凤羽和史永东，2016）、并购（博纳梅等，2018）、股利分配决策（黄等，2013）、创新决策（巴塔查里亚等，2014；郝威亚等，2016）、投资者行为（李凤羽和杨墨竹，2015）、高管变动（饶品贵和徐子慧，2017）及关联交易（侯德帅等，2019）等皆有重要影响。然而，关于经济政策不确定性作用于企业融资行为方面的研究甚少。站在管理层角度，融资是微观主体与资本市场关联的直接动因。融资不仅影响企业投资效率，还与年末股利分配相关联。因此，经济政策不确定性对企业融资的影响研究极具价值。

股权质押基于"融资需要"而诞生。作为当下普及率极高的融资方式，虽然大大提高了融资效率，但其背后藏匿的风险却与经济领域不确定因素息息相关。现有研究多忽略宏观经济因素的不确定性，专注于股权质押经济后果的研究，会导致其研究结论缺乏可推广性。本书借鉴贝克等（Baker et al.，2016）构建的经济政策不确定性指数，深入研究经济政策不确定性高低对存在股权质押企业盈余管理偏好的影响，探讨管理层应对经济政策不确定性的盈余管理选择。本书在强化我国经济政策作用效果及服务企业利益相关者决策方面皆具有借鉴意义。

5.2 理论分析与研究假设

5.2.1 经济政策不确定性与股权质押

在金融摩擦的影响下，融资方式将直接影响公司的资源配置及流动性风险管理。蒋腾等（2018）发现，经济政策不确定性提高会显著降低企业的银行贷款水平。出于预防动机，经济政策不确定性会使企业减少商业信用供给，缩短商业信用供给期限，减少商业信用规模（王化成等，2016；陈胜蓝和刘晓玲，2018）。尽管如此，但企业融资需求依然强烈，摆脱融资困境的斗志依然高昂。纳加尔（Nagar et al.，2019）发现经济政策不确定性高时，管理者会增加自愿披露以降低信息不对称性，减少买卖价差的拉大。企业内部会采取风险对冲策略，如减少高管变动（饶品贵和徐子慧，2017）。尤其伴随着质押回购业务的开展，证券公司逐步取代银行成为活跃在股权质押领域的重要角色，也为股东股权质押融资创造了便利条件。

徐寿福等（2016）依据"市场择时"理论，发现股价高估情况下会促进大股东股权质押行为的发生。与传统债权融资相比，股权质押融资不需要定期支付高昂的利息费用，就可以缓解流动性资金不足的困境；与股权融资相比，股权质押融资并不会变更股东的持股比例，实现了控制权与资金流双赢。因此，股权质押融资拥有得天独厚的优势。尤其当经济政策复杂多变、高度不确定时，股权质押融资成为优于股权融资和传统债权融资的一种融资方式。此外，卡瓦尔卢佐和沃尔肯（Cavalluzzo and Wolken，2005）研究发现，个人财富的增加会降低贷款被拒的可能性。个人财富代表其优秀的偿债能力，更大的还贷可能性，侧面达到为企业增信的效果。因此，实际控制人及控股股东个人层面的包括个人信誉、能力、财富等"软信息"能够对自身股权质押融资起重要决定性作用（罗正英等，2010）。所以，与传统债权融资相比，股权质押融资具有较大优势，经济政策不确定性高时，倾向于股权质押融资。

5.2.2 经济政策不确定性、股权质押与盈余管理

经济政策不确定性的存在改变了公司的外部环境，导致公司投资下降（鲍姆等，2010；王等，2014；古伦和伊翁，2016），融资成本上升（弗朗西斯等，2014）。因此，经济政策不确定性升高会加剧会计盈余报告的波动性，上市公司管理层有动机提高盈余管理程度，以降低经济政策不确定性造成的不利影响。首先，陈胜蓝和王可心（2017）发现，当经济政策不确定性高时，高管会积极自愿地发布业绩预告，预告区间也更加精确，以此稳定投资者对公司业绩前景的评估。同理，面对外部经济政策不确定性提高的压力时，控股股东有动机通过盈余管理行为向外界传达公司经营状况良好的迹象。其次，经济政策不确定性加剧了公司面临的融资约束。当经济政策不确定性较高时，高管更有动机通过向上的盈余管理维持公司的业绩优势，巩固投资者对于公司未来收益良好的预期，进而降低融资成本。最后，经济政策不确定性会影响股价，不确定性的提高会造成股价下跌（布罗加德和德策尔，2015），导致管理层权益性薪酬下滑，放大股权质押风险。于是，高管在股权激励动机下，积极通过实施向上的盈余管理活动来提高股价（科恩和扎罗文，2010），从而减少经济政策不确定性对公司股价的干扰。

也有研究持相反观点，如陈胜蓝和李占婷（2017）研究支持分析师"保守主义"假说，分析师应对经济政策不确定性的加大，会负向修正盈余预测。原因在于，分析师倾向于采用保守的态度应对外部信息不确定的情况，并负向修正盈余预测（古和吴，2003）。同理，经济政策不确定性造成

的信息模糊（卡森等，2006），也使得存在股权质押的上市公司倾向于秉承"保守主义"观点，弱化自身的盈余管理行为。

本书认为，管理层对盈余管理的态度应该落实到对应计盈余管理、真实盈余管理和归类变更盈余管理三种盈余管理手段的态度上。毫无疑问，股权质押放大了资本市场股价波动对公司的影响，也放大了经济政策不确定性对企业经营的冲击。在经济政策不确定性升高的重压之下，公司正常运营通常会遭遇较为严重的负面影响。此时，管理层担负着必须准确识别和有效处理眼前不确定性的责任（普里姆等，2002）。也就是说，管理层需要在减少盈余管理带来的"二次伤害"和增加盈余管理以稳定股价间找到平衡，尽可能消除外部投资者对公司业绩不确定性的恶意揣测，向外界传递积极信号。由以上分析可以看出，经济政策不确定性高时，存在股权质押的公司既倾向于借助盈余管理手段美化业绩，又想要避免盈余管理对公司信誉与形象造成的负面影响。那么，我们自然地想到，管理层是否会搭配使用不同盈余管理方式达到自己的目的呢？

比较三种盈余管理手段，我们发现，此时运用应计盈余管理的风险极大，该手段一般被安排在会计期末与财务报告报出之间的时间空隙，操作简单易查，被发现的概率极大。一旦被发现，将对公司信誉和形象造成恶劣影响，容易丧失投资者信任，引起股价连锁反应。相比之下，真实盈余管理和归类变更盈余管理则隐蔽许多。真实盈余管理的优势在于管理层目的性的业务操纵与企业正常运营业务难以区别，容易蒙混过关。然而，真实盈余管理不利于企业价值增长，且时间花费长。布拉德肖和斯隆（Bradshaw 和 Sloan，2002）研究发现，分析师对企业核心盈余部分估值更高。归类变更盈余管理可以很好地强化核心盈余，对企业未来盈余的持续性能力反映积极。然而，该种盈余管理手段并不改变净利润，只改变净利润中盈余分布。如果投资者紧盯净利润数字，可能无法达到预期效果。

因此，提出如下假设：

H5.1：在其他条件相同的情况下，经济政策不确定性的增加会弱化存在股权质押企业的应计盈余管理偏好。

H5.2：在其他条件相同的情况下，经济政策不确定性的增加会强化存在股权质押企业的真实盈余管理偏好。

H5.3a：在其他条件相同的情况下，经济政策不确定性的增加会强化存在股权质押企业的归类变更盈余管理偏好。

H5.3b：在其他条件相同的情况下，经济政策不确定性高低对存在股权质押企业的归类变更盈余管理偏好影响不明显。

5.3 研 究 设 计

5.3.1 样本选择与数据来源

本章以 2008～2018 年我国沪深 A 股上市公司为研究样本，并剔除金融行业样本、ST/PT 样本、股权质押当年上市样本、数据缺失样本。为减少异常值的影响，对所有连续变量在 1% 上进行 Winsorize 处理，最后得到 19 305 个样本观察值，公司财务数据均来源于国泰安 CSMAR 数据库。

5.3.2 变量设计

5.3.2.1 被解释变量

（1）应计盈余管理。本书采用修正的 Jones 模型来估计应计盈余管理程度（AEM），即由应计项目扣除不可操控的部分，从而得到可操控性应计。具体如下：

$$\frac{TA_t}{A_{t-1}} = \alpha_0 + \alpha_1 \frac{1}{A_{t-1}} + \alpha_2 \frac{\Delta SALES_t - \Delta AR_t}{A_{t-1}} + \alpha_3 \frac{PPE_t}{A_{t-1}} + \varepsilon_t \quad (5.1)$$

其中，TA_t 表示公司 t 年度总应计利润，是 t 年营业利润和经营活动现金流量净额之差，A_{t-1} 表示公司 t-1 年度期末总资产，$\Delta SALES_t$ 表示公司 t 年度营业收入变化额，ΔAR_t 表示公司 t 年度应收账款变化额，PPE_t 表示公司 t 年度期末固定资产原值。

（2）真实盈余管理。对于真实活动盈余管理，沿用罗乔杜里（Roychowdhury，2006）的模型，使用异常经营活动现金流、异常生产成本和异常酌量性费用作为衡量真实盈余管理的指标。具体模型如下：

$$\frac{CFO_t}{A_{t-1}} = \alpha_0 + \alpha_1 \frac{1}{A_{t-1}} + \alpha_2 \frac{SALES_t}{A_{t-1}} + \alpha_3 \frac{\Delta SALES_t}{A_{t-1}} + \varepsilon_t \tag{5.2}$$

$$\frac{PROD_t}{A_{t-1}} = \alpha_0 + \alpha_1 \frac{1}{A_{t-1}} + \alpha_2 \frac{SALES_t}{A_{t-1}} + \alpha_3 \frac{\Delta SALES_{t-1}}{A_{t-1}} + \alpha_4 \frac{\Delta SALES_t}{A_{t-1}} + \varepsilon_t$$

$$\tag{5.3}$$

$$\frac{DISEXP_t}{A_{t-1}} = \alpha_0 + \alpha_1 \frac{1}{A_{t-1}} + \alpha_2 \frac{SALES_{t-1}}{A_{t-1}} + \varepsilon_t \tag{5.4}$$

上述销售操控、生产操控和费用操控可分别表示为 ACFO、APROD 和 ADISEXP。其中，CFO_t 指第 t 期经营活动现金流量净额；$PROD_t$ 指第 t 期生产成本，等于销售成本与存货变化之和；$DISEXP_t$ 指第 t 期整体支出（包括销售、管理、广告费用和研发支出）；A_{t-1} 指第 t−1 期总资产；$SALES_{t-1}$ 指第 t−1 期销售收入；$\Delta SALES_{t-1}$ 指第 t−1 期销售收入的变化。

当公司正向盈余管理时，会调低经营现金净流量、调高生产成本和操控性费用，因此，REM 为 APROD − ADISEXP − ACFO 的值。

（3）归类变更盈余管理。本书借鉴麦克维（McVay，2006）的模型来预测核心盈余，并参考 Jones 模型将核心盈余中的预期和未预期部分进行区分。具体模型如下：

$$CE_t = \beta_0 + \beta_1 CE_{t-1} + \beta_2 ATO_t + \beta_3 Accruals_t + \beta_4 Accruals_{t-1}$$
$$+ \beta_5 \Delta Sales_t + \beta_6 Neg\Delta Sales_t + \varepsilon_t \tag{5.5}$$

模型（5.5）中，CE_t 为核心盈余，等于第 t 期净利润与非经常性损益之差，并采用上年营业收入平滑，ΔCE_t 为核心盈余的变化值。由于核心盈余的持续性特征，故将滞后一期的核心盈余作为控制变量。ATO_t 为第 t 期总资产周转率。以往学者发现，应计盈余管理增加使得当期业绩同方向偏离（斯隆，1996），于是将第 t 期核心应计盈余 $Accruals_t$ 及其第 t−1 期核心应计盈余 $Accruals_{t-1}$ 归入模型，核心应计盈余由核心盈余扣除经营活动现金净流量得到。$\Delta Sales_t$ 为第 t 期营业收入增长率，$Neg\Delta Sales_t$ 较为特殊，当 $\Delta Sales_t$ 小于 0 时，其值同 $\Delta Sales_t$；当 $\Delta Sales_t$ 大于 0 时，其值为 0。安德森等（Anderson et al.，2003）认为，营业收入上升带来的成本变化大于其下降相同幅度带来的成本变化，$Neg\Delta Sales_t$ 恰好刻画了这种差异。对模型（5.5）做回归，得到核心盈余（CE_t）的估计值，即预期核心盈余，真实核心盈余与预期核心盈余的差额即未预期核心盈余，记为 CEM。

5.3.2.2 解释变量

（1）股权质押（PLEDGE）。本书借鉴谢德仁等（2016）的方法，根据年末是否存在股权质押设置虚拟变量，存在股权质押为1，否则为0。为了进一步研究股权质押与盈余管理的影响，我们在稳健性检验部分具体区分了控股股东（含实际控制人）股权质押与非控股股东股权质押，并设置了质押比例的连续变量，该值越大，股东承受的股价压力越大，进行市值管理的动机越强。

（2）经济政策不确定性（EPU）。本书采用贝克等（Baker et al.，2016）的经济政策不确定性指数衡量中国经济政策不确定性。并借鉴古伦和伊翁（Gulen and Ion，2016）的做法，将每年12个月的经济政策不确定性数据进行算术平均，再除以100作为当年的经济政策不确定性指数。

5.3.2.3 控制变量

我们在模型中控制如下控制变量：企业规模SIZE，即公司营业收入的自然对数；账面市值比BM，为公司权益的市场价值与账面价值之比；资产负债率LEV，即公司负债总计与资产总计的比值；股权集中度Shrcr1，第一大股东持股比例。同时，本书控制了年度和公司个体效应。具体的变量定义如表5.1所示。

表5.1 变量定义与度量

变量类型	变量名称	变量代码	变量取值方法及说明
被解释变量（EM）	应计盈余管理（AEM）	AEM	应计盈余管理程度，依据德乔夫等（Dechow et al.，1995）的方法算出
	真实盈余管理（REM）	REM	真实盈余管理程度，依据罗乔杜里（Roychowdhury，2006）的方法 REM = APROD − ADISEXP − ACFO
	归类变更盈余管理（CEM）	CEM	非预期核心盈余，依据麦克维（McVay，2006）的方法算出

续表

变量类型	变量名称	变量代码	变量取值方法及说明
解释变量	股权质押	PLEDGE	虚拟变量，期末存在股权质押取 1，否则取 0
	经济政策不确定性	EPU	贝克等（Baker et al.，2016）编制的经济政策不确定性指数
控制变量	企业规模	SIZE	总资产的自然对数
	账面市值比	BM	账面市值比 A
	资产负债率	LEV	负债总计与资产总计的比值
	股权集中度	Shrcr1	第一大股东持股比例

5.3.3　模型设定

$$EM = a_0 + a_1 PLEDGE + a_2 PLEDGE \times EPU + \chi EM'$$
$$+ \beta \sum CONTROLS + \varepsilon \qquad (5.6)$$

其中，EM 代表应计盈余管理（AEM）、真实盈余管理（REM）和归类变更盈余管理（CEM）三种盈余管理程度；PLEDGE 是股权质押的代理变量；EPU 是经济政策不确定性的代理变量；EM' 表示除被解释变量之外的其余两种盈余管理方式；$\sum$ CONTROLS 表示控制变量集合，ε 代表残差项。本书采用固定效应模型进行研究，同时控制了年份和个体效应。

5.4　实 证 结 果

5.4.1　描述性统计分析

表 5.2 列示了主要变量的描述性统计特征。应计盈余管理代理变量（AEM）的均值为 -0.002，标准差为 0.106；真实盈余管理代理变量（REM）的均值为 -0.006，标准差为 0.215；归类盈余管理代理变量（CEM）的均值为 0.001，标准差为 0.062，以上数据说明真实盈余管理程度在样本公司中

差别最大，其次是应计盈余管理程度，最后是归类变更盈余管理程度，也在一定程度上反映出，真实盈余管理仍然是公司最常采用的盈余管理方式。股权质押代理变量（PLEDGE）的均值为 0.421，标准差为 0.494，说明样本公司中存在股权质押的占比 42.1%，与前人统计数据一致。经济政策不确定性代理变量（EPU）均值为 2.256，标准差为 1.037，说明不同年份的政策不确定性差异显著，具有研究价值。股权集中度代理变量（Shrcr1）均值为 34.718，账面市值比（BM）均值为 0.574，企业规模（SIZE）均值为 21.479，资产负债率（LEV）均值为 0.459，与前人研究一致。

表 5.2   主要变量描述性统计

变量	样本数	均值	标准差	最小值	中位数	最大值
AEM	19 305	− 0.002	0.106	− 0.927	− 0.003	0.683
REM	19 305	− 0.006	0.215	− 1.881	0.004	1.328
CEM	19 305	0.001	0.062	− 0.294	− 0.000	0.333
PLEDGE	19 305	0.421	0.494	0.000	0.000	1.000
PledRatio	19 305	0.872	1.423	0.000	0.000	4.461
EPU	19 305	2.256	1.037	0.989	1.813	3.648
LEV	19 305	0.459	0.223	0.026	0.454	3.061
SIZE	19 305	21.479	1.469	16.161	21.360	25.781
BM	19 305	0.574	0.234	0.059	0.567	1.157
Shrcr1	19 305	34.718	14.949	8.041	32.758	76.070

5.4.2 相关性分析

表 5.3 报告了模型（5.6）的主要变量间的相关系数。其中，股权质押（PLEDGE）和应计盈余管理（AEM）及真实盈余管理（REM）均显著正相关，表明存在股权质押的上市公司会进行应计盈余管理和真实盈余管理；股权质押（PLEDGE）和归类变更盈余管理（CEM）相关关系不显著，说明在不考虑其他因素的情况下，股东股权质押对上市公司的归类变更盈余管理（CEM）行为影响不明显；应计盈余管理（AEM）与真实盈余管理（REM）

显著正相关，说明上市公司一般而言，会同时存在应计盈余管理和真实盈余管理行为。归类变更盈余管理（CEM）和应计盈余管理（AEM）与真实盈余管理（REM）均显著负相关，说明归类变更盈余管理和另外两种盈余管理方式之间均存在替代关系。经济政策不确定性（EPU）与真实盈余管理（REM）均显著正相关，而与其他两种盈余管理关系不明显，表明经济政策不确定性越高，管理层越倾向于进行真实盈余管理行为，也说明真实盈余管理是最常采用的盈余管理途径。经济政策不确定性（EPU）与股权质押（PLEDGE）显著正相关，说明经济政策不确定性越高，股权质押融资越多，也反映了经济政策不确定性时，股权质押融资对其他融资方式具有替代效应。此外，SIZE、LEV、Shrcr1、BM 指数等控制变量均与盈余管理的代理变量显著相关，表明变量选取合理，模型设计具有说服力。

表 5.3　　　　　　　　　　相关性分析

	AEM	REM	CEM	PLEDGE	EPU	LEV	SIZE	Shrcr1	BM
AEM	1.000								
REM	0.253 *** (0.000)	1.000							
CEM	-0.062 *** (0.000)	-0.243 *** (0.000)	1.000						
PLEDGE	0.046 *** (0.000)	0.053 *** (0.000)	-0.002 (0.755)	1.000					
EPU	0.002 (0.778)	0.020 *** (0.006)	0.003 (0.643)	0.210 *** (0.000)	1.000				
LEV	-0.047 *** (0.000)	0.199 *** (0.000)	-0.061 *** (0.000)	-0.075 *** (0.000)	-0.099 *** (0.000)	1.000			
SIZE	0.041 *** (0.000)	-0.035 *** (0.000)	0.007 (0.314)	-0.124 *** (0.000)	0.115 *** (0.000)	0.337 *** (0.000)	1.000		
Shrcr1	0.014 ** (0.046)	-0.063 *** (0.000)	0.025 *** (0.001)	-0.164 *** (0.000)	-0.082 *** (0.000)	0.051 *** (0.000)	0.255 *** (0.000)	1.000	
BM	0.000 (0.999)	0.130 *** (0.000)	-0.009 (0.211)	-0.122 *** (0.000)	-0.080 *** (0.000)	0.325 *** (0.000)	0.494 *** (0.000)	0.205 *** (0.000)	1.000

注：括号内为 p 值；*** 、** 、* 分别表示在 1%、5% 和 10% 水平上显著。

5.4.3 实证结果分析

表 5.4 展现了股权质押、经济政策不确定性与三种盈余管理方式回归结果，从第（1）列回归结果可以看出，PLEDGE 的回归系数为 0.036，在 1% 的水平上显著，PLEDGE × EPU 的回归系数为 - 0.026，在 1% 水平上显著，说明经济政策不确定性越高，存在股权质押的企业会尽可能减少应计盈余管理行为。从第（2）列回归结果可以看出，PLEDGE 的回归系数为 0.025，在 1% 的水平上显著，PLEDGE × EPU 的回归系数为 0.013，在 5% 水平上显著，说明经济政策不确定性越高，存在股权质押的企业会倾向于采用真实盈余管理途径。从第（3）列回归结果可以看出，PLEDGE 的回归系数为 0.035，在 10% 的水平上显著，PLEDGE × EPU 的回归系数为 0.008，但不显著，说明经济政策不确定性对存在股权质押行为的企业归类变更盈余管理行为影响不明显。

以上结论说明，存在股权质押的上市公司有动机进行多种途径的盈余管理行为，稳定股价，防止股权质押融资风险。当外界经济政策不确定性程度提高时，股权质押企业会减少应计盈余管理程度，以真实盈余管理代替应计盈余管理行为，以降低盈余管理成本。然而，经济政策不确定时，外界投资者与其他利益相关方并没有足够关注企业核心盈余以及企业盈余持续性。所以，经济政策不确定性代理变量对股权质押与归类变更盈余管理行为的调节作用不明显。

从控制变量回归结果可以看出，应计盈余管理与真实盈余管理通常同时存在于企业当中，而归类变更盈余管理行为与其他两种盈余管理行为相互替代，此结论与前一章节结论一致。此外，LEV 与 AEM 和 CEM 回归系数显著为负，而与 REM 回归系数显著为正，说明负债比率越高，越倾向进行真实盈余管理，替代应计盈余管理和归类变更盈余管理。SIZE 与 AEM 的回归系数显著为正，与 REM 回归系数显著为负，与 CEM 回归系数不显著，Shrcr1 回归情况与 SIZE 类似，说明企业规模越大，第一股东持股比例越高，越甘冒风险采用应计盈余管理，以避免真实盈余管理对公司长期价值造成减损，且此类企业对核心盈余的关注度不足。BM 与 AEM 的回归系数显著为负，而与 REM 和 CEM 回归系数显著为正，说明公司估值越高，越倾向于维护声誉、降低诉讼风险，减少应计盈余管理行为，而以更加隐蔽的真实盈余管理和归类变更盈余管理替代。且公司估值越高，越注重强化自身的核心盈余，因此有动机进行归类变更盈余管理，此处应提醒监管部门和利益相关者注意。

表 5.4　股权质押、经济政策不确定性与三种盈余管理方式回归结果

	（1） AEM	（2） REM	（3） CEM
PLEDGE	0.036 *** （3.280）	0.025 *** （3.000）	0.035 * （1.835）
PLEDGE × EPU	− 0.026 *** （− 3.292）	0.013 ** （2.124）	0.008 （0.561）
EPU	− 0.053 *** （− 4.123）	0.080 *** （8.077）	0.028 （1.214）
AEM		0.242 *** （42.540）	− 0.010 （− 0.698）
REM	0.406 *** （42.540）		− 0.474 *** （− 27.198）
CEM	− 0.003 （− 0.698）	− 0.090 *** （− 27.198）	
LEV	− 0.531 *** （− 17.555）	0.478 *** （20.511）	− 0.213 *** （− 3.922）
SIZE	0.077 *** （10.450）	− 0.083 *** （− 14.564）	− 0.008 （− 0.599）
Shrcr1	0.003 *** （5.163）	− 0.001 *** （− 2.769）	0.001 （0.874）
BM	− 0.310 *** （− 10.765）	0.342 *** （15.402）	0.113 ** （2.205）
_cons	− 1.334 *** （− 8.722）	1.349 *** （11.429）	0.177 （0.651）

续表

	(1) AEM	(2) REM	(3) CEM
FIRM	Y	Y	Y
YEAR	Y	Y	Y
R^2	0.118	0.175	0.052
F	123.513	195.609	50.861
N	19 305	19 305	19 305

注：括号内为 t 值；***、**、* 分别表示在 1%、5% 和 10% 水平上显著。

5.4.4 稳健性检验

（1）股权质押变量替换。首先，我们用股权质押连续变量的对数（ln-PledRatio）替换股权质押虚拟变量（PLEDGE），重复上述回归检验。其中，lnPledRatio 具体计算为 ln（股权质押股数/上市公司总股数 ×100）。研究发现，当经济政策不确定性高时，企业股权质押比例越高，越倾向于减少应计盈余管理，增加真实盈余管理和归类变更盈余管理，结果稳健。随后，我们依据企业年度内是否存在新增质押和控股股东质押分别设置新增质押虚拟变量（PLEDGE_N）和控股股东股权质押虚拟变量（PLEDGE_K），替换主回归模型中的股权质押虚拟变量 PLEDGE，同样验证了结论的稳健性。具体结果如表 5.5 和表 5.6 所示。

表 5.5　股权质押比例、经济政策不确定性与三种盈余管理方式回归结果

	(1) AEM	(2) REM	(3) CEM
lnPledRatio	0.012 *** (2.590)	0.006 * (1.760)	0.014 ** (2.331)

续表

	（1） AEM	（2） REM	（3） CEM
lnPledRatio × EPU	− 0. 007 ** （ − 2. 001）	0. 006 *** （2. 618）	0. 010 ** （2. 202）
EPU	− 0. 020 ** （ − 2. 045）	0. 116 *** （16. 104）	0. 061 *** （4. 696）
AEM		0. 236 *** （43. 122）	− 0. 023 ** （ − 2. 209）
REM	0. 423 *** （42. 411）		− 0. 265 *** （ − 19. 304）
CEM	− 0. 015 ** （ − 2. 475）	− 0. 084 *** （ − 19. 304）	
LEV	− 0. 443 *** （ − 18. 978）	0. 292 *** （17. 035）	− 0. 045 （ − 1. 465）
SIZE	0. 056 *** （6. 607）	− 0. 080 *** （ − 19. 207）	− 0. 067 *** （ − 8. 943）
Shrcr1	0. 003 *** （5. 745）	− 0. 002 *** （ − 5. 568）	0. 001 ** （1. 977）
BM	− 0. 210 *** （ − 9. 599）	0. 347 *** （21. 598）	0. 064 ** （2. 200）
_cons	− 1. 005 *** （ − 5. 567）	1. 292 *** （14. 962）	1. 582 *** （10. 246）
FIRM	Y	Y	Y
YEAR	Y	Y	Y
R^2	0. 123	0. 192	0. 033
F	127. 856	216. 334	31. 535
N	19 211	19 211	19 211

注：括号内为 t 值；***、**、* 分别表示在 1%、5% 和 10% 水平上显著。

表 5.6　　控股股东股权质押及新增质押、经济政策不确定性与盈余管理

	(1) AEM	(2) REM	(3) CEM	(4) AEM	(5) REM	(6) CEM
PLEDGE_K	0.014* (1.878)	0.013** (2.057)	0.020* (1.711)			
PLEDGE_ K×EPU	−0.012** (−2.051)	0.008* (1.650)	0.003 (0.309)			
PLEDGE_N				0.033*** (3.453)	0.018** (2.405)	0.018* (1.649)
PLEDGE_ N×EPU				−0.027*** (−3.249)	0.014** (2.117)	0.003 (0.269)
EPU	0.000 (0.002)	0.106*** (14.004)	0.024* (1.727)	−0.055*** (−4.352)	0.083*** (8.451)	0.012 (0.871)
AEM		0.259*** (41.840)	−0.029*** (−3.502)		0.245*** (42.773)	−0.045*** (−3.824)
REM	0.267*** (38.874)		−0.331*** (−22.117)	0.406*** (42.550)		−0.302*** (−22.624)
CEM	0.002 (0.675)	−0.095*** (−23.041)		−0.003 (−0.692)	−0.123*** (−22.890)	
LEV	−0.468*** (−21.447)	0.347*** (19.183)	−0.033 (−0.984)	−0.531*** (−17.540)	0.505*** (21.578)	0.027 (0.793)
SIZE	0.051*** (9.543)	−0.089*** (−20.278)	−0.065*** (−7.880)	0.077*** (10.475)	−0.090*** (−15.756)	−0.075*** (−8.400)
Shrcr1	0.002*** (3.693)	−0.002*** (−5.153)	0.001 (1.266)	0.003*** (5.277)	−0.001*** (−2.788)	0.001** (2.146)
BM	−0.125*** (−5.995)	0.367*** (21.360)	0.024 (0.733)	−0.311*** (−10.803)	0.332*** (14.855)	−0.027 (−0.862)
Big4	−0.001 (−0.041)	0.052** (2.233)	0.035 (0.812)	0.026 (0.683)	0.042 (1.399)	0.027 (0.620)

续表

	(1) AEM	(2) REM	(3) CEM	(4) AEM	(5) REM	(6) CEM
_cons	− 0.953 *** (− 8.673)	1.501 *** (16.437)	1.616 *** (9.531)	− 1.328 *** (− 8.706)	1.532 *** (12.917)	1.875 *** (10.201)
FIRM	Y	Y	Y	Y	Y	Y
YEAR	Y	Y	Y	Y	Y	Y
R^2	0.111	0.188	0.041	0.118	0.165	0.045
F	108.610	202.017	37.815	116.952	172.155	41.002
N	19 305	19 305	19 305	19 305	19 305	19 305

注：括号内为 t 值；*** 、** 、* 分别表示在 1%、5% 和 10% 水平上显著。

（2）盈余管理变量替换。对于应计盈余管理，陆建桥（1999）曾质疑修正 Jones 模型没有考虑无形资产及其他长期资产对非操控性应计的影响，于是我们借鉴陆建桥（1999）扩展的琼斯模型。此外，还借鉴了麦克尼科尔斯（McNichols，2002）、德乔大和迪切夫（Dechow and Dichev，2002）的模型分别替换修正的琼斯模型进行检验。结果如表 5.7 所示，本书结论可靠。

表 5.7　股权质押与应计盈余管理及归类变更盈余管理的替换变量检验

	(1) McNicols Model	(2) DD Model	(3) J. Q. LU Model
PLEDGE	0.065 *** (2.830)	0.045 ** (1.969)	0.043 * (1.669)
PLEDGE × EPU	− 0.033 * (− 1.778)	− 0.032 * (− 1.753)	− 0.079 *** (− 3.482)
EPU	− 0.110 *** (− 4.176)	− 0.128 *** (− 4.980)	− 0.193 *** (− 5.163)
AEM			
REM	0.221 *** (9.410)	0.088 *** (3.840)	0.691 *** (28.192)

	（1） McNicols Model	（2） DD Model	（3） J. Q. LU Model
CEM	0.175 *** （12.848）	0.115 *** （8.608）	0.041 *** （2.839）
SIZE	0.223 *** （13.839）	0.341 *** （21.608）	0.206 *** （12.268）
LEV	-1.330 *** （-20.643）	-1.275 *** （-20.226）	-1.272 *** （-18.830）
Shrcr1	0.002 （1.590）	0.003 ** （2.342）	0.003 ** （2.125）
BM	-0.180 *** （-2.980）	-0.410 *** （-6.933）	-0.377 *** （-5.870）
Big4	0.089 （1.132）	0.033 （0.430）	0.059 （0.678）
_cons	-4.193 *** （-12.503）	-6.621 *** （-20.211）	-3.657 *** （-10.414）
FIRM	Y	Y	Y
YEAR	Y	Y	Y
R^2	0.058	0.070	0.090
F	45.275	55.468	62.670
N	15 568	15 638	14 331

注：括号内为 t 值；***、**、* 分别表示在 1%、5% 和 10% 水平上显著。

5.4.5 内生性问题

5.4.5.1 工具变量（IV）法

为了防止内生解释变量的干扰，本书进行了豪斯曼检验，发现在 1% 的显著性水平上拒绝了"所有解释变量均外生的原假设"。本书进一步考虑采取工具变量法缓解内生性问题。为了满足与解释变量相关而与随机误差项不相关，参考谢德仁等（2016）的做法，采用省份股权质押均值的对数（lnPledRatio_m1）作为工具变量，采用两阶段最小二乘法（2SLS）。第一阶段中，省份股权质押均值的对数（lnPledRatio_m1）与股权质押变量显著正相关，省份股权质押均值的对数与经济政策不确定性的交乘项（lnPledRatio_m1×EPU）和股权质押变量与经济政策不确定性的交乘项显著正相关；第二阶段回归中，用股权质押估计值作为代理变量，发现经济政策不确定性高时，存在股权质押的企业会减少应计盈余管理行为，增加真实盈余管理行为。然而经济政策不确定性对股权质押企业的归类变更盈余管理行为影响不明显。说明考虑内生性问题后，本书结论仍然成立，部分结果如表 5.8 所示。

5.4.5.2　PSM 配对样本法

为了验证研究结论的稳健性，本书使用倾向得分匹配法（Propensity Score Matching，PSM）做进一步分析。其核心思想是，建立一个存在控股股东股权质押组（处理组，treatmentgroup）和一个不存在控股股东股权质押组（对照组，controlgroup），使得两组除了股权质押意外的其他特征尽可能贴合，比较经济政策不确定对两组盈余管理行为影响差别。本书按照董事会规模、企业规模、资产负债率、营业收入增长率、审计师是否为四大、最终控制人类型指标配对（配对结果如表 5.9 所示），然后回归分析。如表 5.10 所示，当被解释变量为应计盈余管理时，股权质押变量与经济政策不确定性变量的交乘项 PLEDGE×EPU 显著为负，并在 1% 水平上通过了显著性检验；当被解释变量为真实盈余管理时，股权质押变量与经济政策不确定性变量的交乘项 PLEDGE×EPU 显著为正，并在 10% 水平上通过了显著性检验；当被解释变量为归类变更盈余管理时，股权质押变量与经济政策不确定性变量的交乘项 PLEDGE×EPU 系数为正，但不显著，证实了研究结论的可靠性。

表 5.8　工具变量法两阶段回归结果

	(1) 第一阶段 PLEDGE	(2) 第一阶段 PLEDGE × EPU	(3) 第二阶段 AEM	(4) 第一阶段 PLEDGE	(5) 第一阶段 PLEDGE × EPU	(6) 第二阶段 REM	(7) 第一阶段 PLEDGE	(8) 第一阶段 PLEDGE × EPU	(9) 第二阶段 CEM
PLEDGE			0.520** (2.05)			0.404** (2.27)			0.704* (1.70)
PLEDGE × EPU			−0.129** (−2.18)			0.107** (2.22)			0.100 (0.90)
lnPledRatio_m1	0.096*** (7.34)	0.027 (1.40)		0.096*** (7.37)	0.028 (1.42)		0.096*** (7.39)	0.028 (1.43)	
lnPledRatio_m1 × EPU		0.238*** (14.39)			0.238*** (14.35)			0.238*** (14.39)	
EPU	−0.018 (−1.13)	0.026 (0.95)	0.013 (0.57)	−0.018 (−1.14)	0.026 (0.96)	−0.043** (−2.13)	−0.019 (−1.21)	0.026 (0.95)	−0.045 (−1.02)
AEM				0.032*** (5.19)	−0.013* (−1.73)	0.286*** (17.03)	0.028*** (3.03)	−0.005 (−0.47)	−0.177*** (−6.32)
REM	0.026*** (3.37)	−0.009 (−1.02)	0.485*** (16.85)				0.013 (1.47)	−0.009 (−0.87)	−0.337*** (−12.09)
CEM	0.006 (1.59)	0.004 (0.96)	−0.044*** (−6.44)	0.006* (1.75)	0.004 (0.90)	−0.062*** (−11.76)			

续表

	(1) 第一阶段 PLEDGE	(2) 第一阶段 PLEDGE × EPU	(3) 第二阶段 AEM	(4) 第一阶段 PLEDGE	(5) 第一阶段 PLEDGE × EPU	(6) 第二阶段 REM	(7) 第一阶段 PLEDGE	(8) 第一阶段 PLEDGE × EPU	(9) 第二阶段 CEM
LEV	-0.003 (-0.10)	0.002 (0.07)	-0.046 (-0.86)	0.000 (0.02)	0.001 (0.04)	0.165*** (4.52)	0.001 (0.03)	0.002 (0.06)	0.092 (1.14)
SIZE	0.095*** (11.74)	0.151*** (15.26)	-0.020 (-0.82)	0.094*** (11.72)	0.152*** (15.28)	-0.068*** (-3.54)	0.095*** (11.73)	0.152*** (15.30)	-0.118*** (-2.73)
Shrcr1	-0.000 (-0.52)	-0.007*** (-10.87)	-0.001 (-0.67)	-0.000 (-0.51)	-0.007*** (-10.87)	0.001* (1.86)	-0.000 (-0.50)	-0.007*** (-10.87)	0.001 (0.37)
BM	-0.053** (-2.30)	-0.078** (-2.51)	-0.007 (-0.19)	-0.051** (-2.21)	-0.079** (-2.53)	0.155*** (5.17)	-0.053** (-2.30)	-0.077** (-2.47)	0.212*** (3.58)
GROWTH	0.002 (0.32)	-0.015** (-2.13)	-0.029* (-1.86)	0.002 (0.36)	-0.015** (-2.18)	-0.056*** (-3.93)	0.003 (0.49)	-0.016** (-2.26)	-0.095*** (-5.07)
Big4	-0.019 (-0.69)	-0.003 (-0.07)	0.039 (0.92)	-0.020 (-0.70)	-0.003 (-0.07)	0.048 (1.37)	-0.019 (-0.68)	-0.003 (-0.07)	0.058 (0.76)
ROA	0.008 (0.12)	-0.588*** (-7.68)	4.041*** (32.67)	-0.138** (-1.97)	-0.530*** (-6.70)	-2.356*** (-22.39)	-0.066 (-0.89)	-0.559*** (-6.72)	2.714*** (11.43)
Observations	17 122	17 122	17 122	17 122	17 122	17 122	17 122	17 122	17 122
R - squared	0.079	0.520	0.146	0.080	0.520	0.141	0.080	0.520	-0.011

注：括号内为 z 值；***，**，* 分别表示在 1%、5% 和 10% 水平上显著。

表5.9 各年度匹配结果

2008 年匹配结果	是否在共同取值范围内		总计	2009 年匹配结果	是否在共同取值范围内		总计	2010 年匹配结果	是否在共同取值范围内		总计
	否	是			否	是			否	是	
对照组	0	739	739	对照组	0	809	809	对照组	0	835	835
处理组	40	168	208	处理组	63	196	259	处理组	89	185	274
总计	40	907	947	总计	63	1 005	1 068	总计	89	1 038	1 127

2011 年匹配结果	是否在共同取值范围内		总计	2012 年匹配结果	是否在共同取值范围内		总计	2013 年匹配结果	是否在共同取值范围内		总计
	否	是			否	是			否	是	
对照组	0	891	891	对照组	0	1 090	1 090	对照组	0	1 147	1 147
处理组	98	236	334	处理组	123	347	470	处理组	208	448	656
总计	98	1 127	1 225	总计	123	1 437	1 560	总计	208	1 595	1 803

2014 年匹配结果	是否在共同取值范围内		总计	2015 年匹配结果	是否在共同取值范围内		总计	2016 年匹配结果	是否在共同取值范围内		总计
	否	是			否	是			否	是	
对照组	0	1 123	1 123	对照组	0	921	921	对照组	0	879	879
处理组	254	508	762	处理组	331	608	939	处理组	397	668	1 065
总计	254	1 631	1 885	总计	331	1 529	1 860	总计	397	1 547	1 944

2017 年匹配结果	是否在共同取值范围内		总计	2018 年匹配结果	是否在共同取值范围内		总计				
	否	是			否	是					
对照组	0	757	757	对照组	0	842	842				
处理组	445	644	1 089	处理组	411	631	1 042				
总计	445	1 401	1 846	总计	411	1 473	1 884				

表 5.10   股权质押、经济政策不确定性与盈余管理的
回归结果（PSM 配对样本）

	（1） AEM	（2） REM	（3） CEM
PLEDGE	0.033 *** （2.599）	0.027 *** （2.712）	0.041 * （1.837）
PLEDGE × EPU	− 0.025 *** （− 2.705）	0.013 * （1.770）	0.008 （0.504）
EPU	− 0.033 ** （− 2.368）	0.071 *** （6.560）	0.028 （1.133）
AEM		0.246 *** （37.519）	− 0.016 （− 1.005）
REM	0.409 *** （37.519）		− 0.432 *** （− 21.771）
CEM	− 0.005 （− 1.005）	− 0.084 *** （− 21.771）	
LEV	− 0.557 *** （− 15.646）	0.451 *** （16.339）	− 0.222 *** （− 3.511）
SIZE	0.080 *** （9.066）	− 0.089 *** （− 13.062）	− 0.013 （− 0.814）
Shrcr1	0.003 *** （3.562）	− 0.002 *** （− 2.940）	0.001 （0.793）
BM	− 0.277 *** （− 8.284）	0.342 *** （13.229）	0.144 ** （2.448）
_cons	− 1.388 *** （− 7.600）	1.499 *** （10.602）	0.259 （0.806）
FIRM	Y	Y	Y
YEAR	Y	Y	Y
R^2	0.120	0.169	0.046
F	95.430	142.075	33.431
N	14 690	14 690	14 690

注：括号内为 t 值；*** 、** 、* 分别表示在 1%、5% 和 10% 水平上显著。

5.4.6 进一步研究

5.4.6.1 东部地区与西部地区讨论

东部地区根据自然地理条件，可分为北部沿海、东部沿海和南部沿海。其中，北部沿海地区包括山东、天津、北京和河北；东部沿海地区包括上海、江苏和浙江；南部沿海地区包括海南、福建和广东。而西部地区主要包括西藏、甘肃、青海、宁夏、新疆、广西、重庆、四川、贵州、云南、陕西和内蒙古。东部地区经济基础良好，对外开放程度高，产业经济相对发达。相对而言，西部地区经济发展速度较慢，物质基础薄弱，加上恶劣的自然条件，劣势十分明显。因此，本书对样本进一步划分，研究发现：在东部地区，当外界经济政策不确定性程度提高时，股权质押企业会减少应计盈余管理程度，以真实盈余管理代替应计盈余管理行为，以降低盈余管理成本；然而，经济政策不确定性代理变量对股权质押与归类变更盈余管理行为的调节作用不明显。在西部地区，经济政策不确定性对股权质押企业的盈余管理行为调节作用不明显。从侧面可以看出，相比东部地区，西部地区市场经济欠发达的状态明显。

表 5.11　　　　　股权质押、东西部经济政策不确定性与
三种盈余管理方式回归结果

	东部			西部		
	(1) AEM	(2) REM	(3) CEM	(4) AEM	(5) REM	(6) CEM
PLEDGE	0.043 *** (2.942)	0.038 *** (3.376)	0.057 ** (2.319)	−0.047 (−1.235)	0.036 (1.272)	−0.033 (−0.449)
PLEDGE × EPU	−0.027 *** (−2.641)	0.021 *** (2.643)	0.006 (0.342)	0.006 (0.213)	−0.021 (−1.008)	−0.052 (−0.944)
EPU	−0.053 *** (−3.096)	0.077 *** (5.775)	0.017 (0.599)	−0.087 * (−1.940)	0.035 (1.061)	−0.142 (−1.640)

续表

	东部			西部		
	(1) AEM	(2) REM	(3) CEM	(4) AEM	(5) REM	(6) CEM
AEM		0.223 *** (30.237)	−0.049 *** (−2.876)		0.205 *** (10.392)	−0.040 (−0.751)
REM	0.378 *** (30.237)		−0.426 *** (−19.770)	0.380 *** (10.392)		−0.659 *** (−9.349)
CEM	−0.017 *** (−2.876)	−0.089 *** (−19.770)		−0.011 (−0.751)	−0.097 *** (−9.349)	
LEV	−0.455 *** (−11.370)	0.418 *** (13.636)	−0.275 *** (−4.066)	−0.878 *** (−8.145)	0.252 *** (3.117)	−0.551 *** (−2.609)
SIZE	0.067 *** (6.453)	−0.103 *** (−13.036)	0.011 (0.612)	0.097 *** (4.022)	−0.028 (−1.572)	0.030 (0.640)
Shrcr1	0.004 *** (4.387)	−0.001 (−1.163)	0.001 (0.471)	0.003 (1.544)	−0.002 (−1.003)	0.002 (0.465)
BM	−0.294 *** (−7.593)	0.321 *** (10.817)	0.201 *** (3.085)	−0.373 *** (−3.408)	0.298 *** (3.707)	−0.212 (−1.005)
_cons	−1.184 *** (−5.488)	1.816 *** (11.004)	−0.245 (−0.674)	−1.498 *** (−3.063)	0.326 (0.903)	−0.053 (−0.057)
YEAR	Y	Y	Y	Y	Y	Y
FIRM	Y	Y	Y	Y	Y	Y
R²	0.104	0.160	0.052	0.137	0.166	0.101
F	64.076	104.747	30.308	11.266	14.131	7.948
N	11 413	11 413	11 413	1 473	1 473	1 473

注：括号内为 t 值；***、**、*分别表示在 1%、5% 和 10% 水平上显著。

5.4.6.2　中小板及创业板与其他板块讨论

从板块的服务对象来看，主板市场主要服务对象是已进入成熟阶段的企业，中小板市场主要对象是规模、收入处于中小型范围内的企业，创业板主要服务对象是处于成长期中的创新型、高科技型企业。企业抵御风险能力的不同,对经济政策不确定性的反馈可能不同。因此,本书对于板块进行划分后发现,无论是曾经的中小板、创业板还是其他板块,存在股权质押的企业在应对经济政策不确定性冲击时,都会减少应计盈余管理程度,增加真实盈余管理程度,以真实盈余管理替代应计盈余管理,最终达到盈余目标。

表5.12　　　　　　　股权质押、不同板块经济政策不确定性与
三种盈余管理方式回归结果

	中小板和创业板			其他板块		
	(1) AEM	(2) REM	(3) CEM	(4) AEM	(5) REM	(6) CEM
PLEDGE	0.056 *** (3.723)	0.018 * (1.735)	0.031 * (1.813)	0.040 ** (2.481)	0.081 *** (6.367)	0.047 * (1.681)
PLEDGE × EPU	− 0.032 *** (− 2.950)	0.018 ** (2.462)	0.004 (0.348)	− 0.028 ** (− 2.396)	0.035 *** (3.658)	− 0.006 (− 0.276)
EPU	− 0.269 *** (− 8.008)	0.136 *** (6.262)	0.120 *** (3.206)	− 0.011 (− 0.683)	0.040 *** (3.057)	0.008 (0.280)
AEM		0.191 *** (14.604)	0.001 (0.092)		0.243 *** (31.002)	− 0.035 * (− 1.951)
REM	0.515 *** (28.067)		− 0.347 *** (− 16.534)	0.382 *** (31.002)		− 0.392 *** (− 17.869)
CEM	0.010 (1.366)	− 0.139 *** (− 17.536)		− 0.012 * (− 1.951)	− 0.084 *** (− 17.869)	
LEV	− 0.770 *** (− 12.502)	0.660 *** (15.969)	0.183 *** (2.640)	− 0.520 *** (− 13.169)	0.422 *** (13.416)	− 0.312 *** (− 4.533)
SIZE	0.237 *** (16.377)	− 0.160 *** (− 13.623)	− 0.101 *** (− 6.150)	0.031 *** (3.111)	− 0.074 *** (− 9.480)	0.004 (0.254)
Shrcr1	0.004 *** (4.054)	− 0.003 *** (− 4.424)	− 0.002 (− 1.642)	0.003 *** (3.081)	− 0.000 (− 0.471)	0.001 (0.942)

续表

	中小板和创业板			其他板块		
	(1) AEM	(2) REM	(3) CEM	(4) AEM	(5) REM	(6) CEM
BM	−0.576*** (−12.988)	0.251*** (8.514)	0.036 (0.722)	−0.129*** (−3.018)	0.329*** (9.696)	0.110 (1.486)
_cons	−4.334*** (−14.966)	2.945*** (12.360)	2.251*** (6.866)	−0.426** (−2.072)	1.167*** (7.131)	−0.020 (−0.056)
FIRM	Y	Y	Y	Y	Y	Y
YEAR	Y	Y	Y	Y	Y	Y
R^2	0.176	0.151	0.061	0.115	0.162	0.045
F	65.888	54.855	20.086	67.999	101.150	24.780
N	6 586	6 586	6 586	10 563	10 563	10 563

注：括号内为 t 值；***、**、*分别表示在 1%、5% 和 10% 水平上显著。

5.5 本 章 小 结

本章主要考察了经济政策不确定性对持股股东股权质押与上市公司盈余管理行为的调节作用。研究发现：经济政策不确定性越高，存在股权质押的企业会越可能减少应计盈余管理，增加真实盈余管理，而经济政策不确定性对存在股权质押企业的归类变更盈余管理行为影响不明显。也就是说，存在股权质押的上市公司有动机进行多种途径的盈余管理行为，稳定股价，规避股权质押融资风险。当外界经济政策不确定性程度提高时，股权质押企业会减少应计盈余管理，以真实盈余管理代替应计盈余管理，从而降低盈余管理成本。然而，经济政策不确定性提高时，外界投资者及其他利益相关方并没有足够关注企业核心盈余以及企业盈余持续性。所以，经济政策不确定性对股权质押与归类变更盈余管理关系的调节作用不明显。在稳健性检验部分，本书替换了股权质押变量、盈余管理变量，结论均保持不变。在内生性检验的部分，本书采用工具变量（IV）法和 PSM 配对样本法进行检验，尽可能排除了内生性问题的干扰，结果保持不变。进一步研究发现，当东部地区的经济政策不确定性程度提高时，股权质押企业会减少应计盈余管理，以真实盈余管理代替应计盈余管理，以降低盈余管理成本；在西部地区，经济政策不确定性对存在股权质押企业的盈余管理行为的调节作用不明显。从侧面可以看出，相比东部地区，西部地区市场经济处于欠发达状态。此外，本书对板块进行划分，发现无论是曾经的中小板、创业板还是其他板块，存在股权质押的企业在应对经济政策不确定性冲击时，都会减少应计盈余管理，增加真实盈余管理，以真实盈余管理替代应计盈余管理，最终达到盈余目标。

第6章 环境不确定性、股权质押与盈余管理选择偏好

6.1 引　言

随着资源争夺战的升级，企业间竞争淘汰更加残酷，公司的经营环境逐渐成为利益相关者关注的焦点。毋庸置疑，客户、供应商、竞争者等利益相关群体共同构筑了企业微观生存环境，其行为的不可预测性增加了企业经营环境的不确定性（戈文达拉扬，1984）。环境不确定性是组织设计框架的核心概念，是根植于组织环境中的因素（钱德勒，1962）。环境不确定性是衡量与企业组织运营相关的环境因素发生变化及其变化程度的指标，通常由于客户、供应商、竞争对手以及监管者等行为的不断变化而带来的不可预测性特征（切尔德，1972）。邓肯（Duncan，1972）最早从复杂性与动态性维度划分环境不确定性，坚信环境不确定性能够解释组织状态，并着重强调了总体环境不确定性水平的重要地位。紧接着，戴斯和拜尔德（Dess and Beard，1984）对环境不确定划分维度进行丰富，集合复杂性、动态性与宽宏性三个维度，进一步阐释环境不确定性特征。也有学者提出不同意见，如贾斯汀和利特施特（Justin and Litsschert，1994）从复杂性、动态性与敌对性三维度划分环境不确定性。由于状态不确定性、影响不确定性以及反应不确定性的存在，个体无法准确预测组织环境（米利肯，1987）。总之，现有文献对环境不确定性的定义可归纳为三种：一是"无法确切知道未来事件可能发生的概率"，即对于未来可能发生事件的概率企业无法确切预测；二是"缺乏有关因果关系的信息"，即对于何种决策会引发何种结果无法预知；三是

"目前无法预测决策可能的结果"，即关于决策后的可能反应与可能结果无法预测和掌握。不确定因素的存在影响着组织决策及其战略选择（汤普森等，2007），由于企业管理层无法获得充分的信息以预测企业微观生态环境的变化并做出靶向决策，因此决策失败的风险明显加大。

伴随着宏观去杠杆化力度不断强化，企业信用能力表现普遍较差，债务违约现象频发进一步导致企业融资难度加大。公司管理者与外部利益相关者之间通常存在较大的信息不对称（希利等，1999）。正如阿克洛夫（Akelof，1970）开篇之作中的论述，由于汽车质量信息的不对称以及不确定性的交互作用，最终导致二手车市场消失，可见不确定性会与信息不对称现象产生叠加效应，进一步加剧了企业的信息不对称。据以往研究，委托人设计的薪酬契约通常会在代理人感知环境不确定性增加时，相应增加薪酬激励（乌马纳特等，1996）。由此可见，在经济下行压力加大和企业融资困难的背景下，环境不确定性会加剧企业信息不对称情况，为管理层盈余管理行为提供便利。

环境不确定性有可能影响企业绩效的高低及变化程度（程和凯斯纳，1997）。环境不确定性会降低公司财务报告的透明度，从而创造盈余管理的空间。公司微观环境不确定性会直接影响核心业务，带来盈余波动。剧烈的盈余波动易加剧投资者恐慌，引起股价异动。尤其在管理层股权质押融资后，股价异动不仅不利于管理层形象经营，还会打乱管理层原有的资源配置计划，一旦股价触及警戒线，甚至低至平仓线，管理层有可能丧失控制权。因此，环境不确定性作为企业层面重要的不确定因素，理应被纳入研究范畴。

6.2　理论分析与研究假设

环境不确定性是影响企业融资的重要外部因素。法扎里等（Fazzari et al.，1987）认为，资本市场尚需完善的背景下，代理问题及信息不对称问题造成企业内源融资和外源融资难度及成本存在差异。当内源融资受阻，银行信贷及商业信用等常规外源融资渠道受限时，企业便陷入了融资约束陷阱。股权质押作为近期普及率极高的融资途径之一，在为企业"输血"的同时，却诱导管理层进行盈余管理行为以降低股权质押危机的爆发，且两者关系极易受到环境不确定性的影响。通常而言，管理者与外部利益相关者之间存在严重的信息不对称（希利等，1999）。而研究表明，不确定性会加剧信息不对称程度（阿克洛夫，1970）。

以往研究发现，环境不确定性对公司战略和经营业绩均产生影响（邓肯，1972）。程和凯斯纳（Cheng and Kesner，1997）发现，环境不确定性有可能影响企业业绩表现好坏及变数。环境不确定性的存在一方面增加了盈余波动的可能，另一方面会给企业战略制定增加难度。根据权变理论，个体组织应对环境波动时并非被动接受，而是主动适应。站在进行股权质押的管理层角度，环境不确定性带来剧烈的盈余波动传递到二级市场，会引发持续性的股价波动，增加了股权质押危机爆发的可能性。环境不确定性还会向市场传递不良信号，增加企业融资难度，加剧股价崩盘风险。以上两种情况均会诱导管理层进行盈余管理行为。例如戈尔什和奥尔森（Ghosh and Olsen，2009）发现，管理层会通过应计盈余管理降低环境不确定性对企业的影响。不仅如此，环境不确定性给企业战略制定增加了难度，也能够诱导管理层的盈余管理行为。本特利等（Bentley et al.，2013）发现，企业战略定位与财务报告违规相关联。企业战略偏离行业常规情况越明显，信息不对称现象越严重（卡朋特，2000），应计盈余管理成本越低廉。叶康涛等（2015）证实，企业战略定位会影响盈余管理选择行为。

管理层通过会计政策选择而进行的应计盈余管理只是股权质押管理层进行业绩操控的方式之一，控股股东股权质押的公司可能选择将开发支出资本化的会计政策，以期正向盈余管理（谢德仁等，2017）。应计盈余管理通常发生在于会计期末，依据权责发生制调节不同期间的盈余分布，不影响现金流和企业价值。但这种"古老"的盈余管理方式常为列为监控要点，让管理层避之不及。真实盈余管理后来居上，经大量学者证实，股权质押的管理层会通过生产操纵、费用操纵和销售操纵等方式进行业绩操控，即真实盈余管理（谢德仁和廖珂，2018；张瑞君等，2017；李常青等，2018；杨鸣京等，2019；巴提亚等，2019）。真实盈余管理常隐匿于企业正常的经营活动中，根据管理层意愿实现有目的性的盈余操控，虽然实施时间点并不固定，但容易导致企业经营偏离最优模式，拉低盈余质量，以牺牲未来业绩为代价达到当期盈余目标。此外，如果利益相关者更加关注盈余持续性，进行股权质押的管理层还会通过营业外活动与正常经营活动间的业绩操控，强化核心盈余，满足外部投资者和相关监管机构的盈余预期。进行股权质押的管理层本身有动机选择性运用盈余管理手段，粉饰财务信息，降低股权质押风险并获取可靠的资金来源。综上分析，环境不确定性对股权质押与盈余管理的关系会产生调节作用，使得进行股权质押的管理层对不同盈余管理手段产生偏好。

H6.1a：其他条件相同的情况下，环境不确定性的增加会强化存在股权质押企业的应计盈余管理偏好。

H6.1b：其他条件相同的情况下，环境不确定性的增加会强化存在股权质押企业的真实盈余管理偏好。

H6.1c：其他条件相同的情况下，环境不确定性的增加会强化存在股权质押企业的归类变更盈余管理偏好。

6.3 研究设计

6.3.1 样本选择与数据来源

本章以2008～2018年我国沪深A股上市公司为研究样本，并剔除金融行业样本、ST/PT样本、股权质押当年上市样本、数据缺失样本。为减少异常值的影响，对所有连续变量在1%上进行Winsorize处理，最后得到16 672个样本观察值，公司财务数据均来源于国泰安CSMAR数据库。

6.3.2 变量设计

6.3.2.1 被解释变量

（1）应计盈余管理。本书采用修正的Jones模型来估计应计盈余管理程度（AEM），即由应计项目扣除不可操控的部分，从而得到可操控性应计。具体如下：

$$\frac{TA_t}{A_{t-1}} = \alpha_0 + \alpha_1 \frac{1}{A_{t-1}} + \alpha_2 \frac{\Delta SALES_t - \Delta AR_t}{A_{t-1}} + \alpha_3 \frac{PPE_t}{A_{t-1}} + \varepsilon_t \qquad (6.1)$$

其中，TA_t 表示公司 t 年度总应计利润，是 t 年营业利润和经营活动现金流量净额之差，A_{t-1} 表示公司 t-1 年度期末总资产，$\Delta SALES_t$ 表示公司 t 年度营业收入变化额，ΔAR_t 表示公司 t 年度应收账款变化额，PPE_t 表示公司 t 年度期末固定资产原值。

（2）真实盈余管理。对于真实盈余管理，沿用罗乔杜里（Roychowdhury，2006）的模型，使用异常经营活动现金流、异常生产成本和异常酌量性费用作为衡量真实活动盈余管理的指标。具体模型如下：

$$\frac{CFO_t}{A_{t-1}} = \alpha_0 + \alpha_1 \frac{1}{A_{t-1}} + \alpha_2 \frac{SALES_t}{A_{t-1}} + \alpha_3 \frac{\Delta SALES_t}{A_{t-1}} + \varepsilon_t \qquad (6.2)$$

$$\frac{PROD_t}{A_{t-1}} = \alpha_0 + \alpha_1 \frac{1}{A_{t-1}} + \alpha_2 \frac{SALES_t}{A_{t-1}} + \alpha_3 \frac{\Delta SALES_{t-1}}{A_{t-1}} + \alpha_4 \frac{\Delta SALES_t}{A_{t-1}} + \varepsilon_t$$

$$(6.3)$$

$$\frac{DISEXP_t}{A_{t-1}} = \alpha_0 + \alpha_1 \frac{1}{A_{t-1}} + \alpha_2 \frac{SALES_{t-1}}{A_{t-1}} + \varepsilon_t \qquad (6.4)$$

上述销售操控、生产操控和费用操控可分别表示为 ACFO、APROD 和 ADISEXP。其中，CFO_t 指第 t 期经营活动现金流量净额；$PROD_t$ 指第 t 期生产成本，等于销售成本与存货变化之和；$DISEXP_t$ 指第 t 期整体支出（包括销售、管理、广告费用和研发支出）；A_{t-1} 指第 t-1 期总资产；$SALES_{t-1}$ 指第 t-1 期销售收入；$\Delta SALES_{t-1}$ 指第 t-1 期销售收入的变化。

当企业正向盈余管理时，会调低经营现金净流量、调高生产成本和操控性费用，因此，REM 为 APROD - ADISEXP - ACFO 的值。

（3）归类变更盈余管理。本书借鉴麦克维（McVay，2006）的模型来预测核心盈余，并参考琼斯模型将核心盈余中的预期和未预期部分进行区分。具体模型如下：

$$CE_t = \beta_0 + \beta_1 CE_{t-1} + \beta_2 ATO_t + \beta_3 Accruals_t + \beta_4 Accruals_{t-1}$$
$$+ \beta_5 \Delta Sales_t + \beta_6 Neg\Delta Sales_t + \varepsilon_t \qquad (6.5)$$

模型（6.5）中，CE_t 为核心盈余，等于第 t 期净利润与非经常性损益之差，并采用上年营业收入平滑，ΔCE_t 为核心盈余的变化值。由于核心盈余的持续性特征，故将滞后一期的核心盈余作为控制变量。ATO_t 为第 t 期总资产周转率。以往学者发现，应计盈余管理增加使得当期业绩同方向偏离（斯隆，1996），于是将第 t 期核心应计盈余 $Accruals_t$ 及第 $t-1$ 期核心应计盈余 $Accruals_{t-1}$ 归入模型，核心应计盈余由核心盈余扣除经营活动现金净流量得到。$\Delta Sales_t$ 为第 t 期营业收入增长率，$Neg\Delta Sales_t$ 较为特殊，当 $\Delta Sales_t$ 小于 0 时，其值同 $\Delta Sales_t$；当 $\Delta Sales_t$ 大于 0 时，其值为 0。安德森等（Anderson et al.，2003）认为，营业收入上升带来的成本变化大于其下降相同幅度带来的成本变化，$Neg\Delta Sales_t$ 恰好刻画了这种差异。对模型（6.5）做回归，得到核心盈余（CE_t）的估计值，即预期核心盈余，真实核心盈余与预期核心盈余的差额即未预期核心盈余，记为 CEM。

6.3.2.2 解释变量

（1）股权质押（PLEDGE）。本书借鉴谢德仁等（2016）的方法，根据年末是否存在股权质押设置虚拟变量，存在股权质押为 1，否则为 0。为了进一步研究股权质押与盈余管理的影响，我们在稳健性检验部分具体区分了控股股东（含实际控制人）股权质押与非控股股东股权质押以及设置了质押比例的连续变量，该值越大，股东承受的股价压力越大，进行市值管理的动机越强。

（2）环境不确定性（EU）。我国市场环境与西方国家差异明显，受宏观调控的影响，我国资本市场往往涵盖一些非市场化的因素，西方衡量环境不确定性的量表不一定适合中国情境。因此，本书借鉴申慧慧等（2012）对戈尔什和奥尔森（Ghosh and Olsen，2009）环境不确定性改进后的模型，即以期末主营业务收入作为被解释变量，以年份虚拟变量作为解释变量，进行 OLS 回归，以回归的扰动项作为过去 5 年的非正常销售收入，除以过去 5 年销售收入的平均值。

6.3.2.3 控制变量

我们在模型中控制如下控制变量：公司规模 SIZE，即公司总资产的自然对数；资产负债率 LEV，即负债总计与资产总计的比值；是否聘任四大审计师 Big4，若上市公司年报的审计师为普华永道、毕马威、安永、德勤四大会计师事务所取值为 1，否则为 0；营业收入增长率 GROWTH，即（当年营业收入－去年营业收入）/去年营业收入；账面市值比 BM，为公司权益的市场价值与账面价值之比；股权集中度 Shrcr1，第一大股东持股比例；在模型中我们还控制了年份和个体效应。具体的变量定义如表 6.1 所示。

表 6.1　　变量定义与度量

变量类型	变量名称	变量代码	变量取值方法及说明
被解释变量（EM）	应计盈余管理（AEM）	AEM	应计盈余管理程度，依据德乔夫等（Dechow et al.，1995）的方法算出
	真实盈余管理（REM）	REM	真实盈余管理程度，依据罗乔杜里（Roychowdhury，2006）的方法 REM = APROD − ADISEXP − ACFO
	归类变更盈余管理（CEM）	CEM	非预期核心盈余，依据麦克维（McVay，2006）的方法算出
解释变量	股权质押	PLEDGE	虚拟变量，期末存在股权质押取 1，否则取 0
	环境不确定性	EU	申慧慧等（2012）测度环境不确定性方法
控制变量	企业规模	SIZE	总资产的自然对数
	资产负债率	LEV	负债总计与资产总计的比值
	股权集中度	Shrcr1	第一大股东持股比例
	账面市值比	BM	账面市值比 A
	营业收入增长率	GROWTH	（当年营业收入 − 去年营业收入）/去年营业收入
	是否聘任四大审计师	Big4	若上市公司年报的审计师为普华永道、毕马威、安永、德勤四大会计师事务所取值为 1，否则为 0

6.3.3　模型设定

$$EM = a_0 + a_1 PLEDGE + a_2 PLEDGE \times EU + \chi EM'$$
$$+ \beta \sum CONTROLS + \varepsilon \qquad (6.6)$$

其中，EM 代表应计盈余管理（AEM）、真实盈余管理（REM）和归类变更盈余管理（CEM）三种盈余管理程度；PLEDGE 是股权质押的代理变量；EU 是环境不确定性的代理变量；$\chi EM'$ 表示除被解释变量之外的其余两种盈余管理方式；$\sum CONTROLS$ 表示控制变量集合，ε 代表残差项。本书采用固定效应模型进行估计，并控制年份和个体效应。

6.4 实 证 结 果

6.4.1 描述性统计分析

表6.2列示了主要变量的描述性统计特征。应计盈余管理代理变量（AEM）的均值为 - 0.003，标准差为0.108；真实盈余管理代理变量（REM）的均值为 - 0.003，标准差为0.220；归类盈余管理代理变量（CEM）的均值为0.002，标准差为0.070，以上数据说明真实盈余管理程度在样本公司中差别最大，其次是应计盈余管理程度，最后是归类变更盈余管理程度，也在一定程度上反映出真实盈余管理仍然是公司最常采用的盈余管理方式。股权质押代理变量（PLEDGE）的均值为0.407，标准差为0.491，说明样本公司中存在股权质押的占比40.7%，与前人统计数据一致。环境不确定性代理变量（EU）均值为0.055，标准差为0.055，说明不同年份的环境不确定性差异显著，具有研究价值。资产负债率（LEV）均值为0.479，公司规模（SIZE）均值为21.583、股权集中度代理变量（Shrcr1）均值为34.212，账面市值比（BM）均值为0.567，营业收入增长率（GROWTH）均值为0.207，是否与前人研究一致。

表6.2　　　　　　　　　　　**主要变量描述性统计**

变量	样本数	均值	标准差	最小值	中位数	最大值
AEM	16 672	- 0.003	0.108	- 0.932	- 0.004	0.815
REM	16 672	- 0.003	0.220	- 1.906	0.008	1.328
CEM	16 672	0.002	0.070	- 0.753	- 0.001	0.698
PLEDGE	16 672	0.407	0.491	0.000	0.000	1.000
EU	16 672	0.055	0.055	0.004	0.039	0.383

续表

变量	样本数	均值	标准差	最小值	中位数	最大值
LEV	16 672	0.479	0.224	0.057	0.477	3.061
SIZE	16 672	21.583	1.485	15.673	21.476	25.994
Shrcr1	16 672	34.212	14.886	8.110	32.023	78.844
BM	16 672	0.567	0.238	0.056	0.555	1.181
GROWTH	16 672	0.207	0.666	-0.815	0.105	11.494
Big4	16 672	0.063	0.244	0.000	0.000	1.000

6.4.2　相关性分析

表 6.3 报告了模型（6.6）的主要变量间的相关系数。其中，股权质押（PLEDGE）和应计盈余管理（AEM）及真实盈余管理（REM）均显著正相关，表明存在股权质押的上市公司会进行应计盈余管理和真实盈余管理；股权质押（PLEDGE）和归类变更盈余管理（CEM）相关关系不显著，说明在不考虑其他因素的情况下，股东股权质押对上市公司的归类变更盈余管理（CEM）行为影响不明显；应计盈余管理（AEM）与真实盈余管理（REM）显著正相关，说明上市公司一般而言，会同时存在应计盈余管理和真实盈余管理行为。归类变更盈余管理（CEM）和应计盈余管理（AEM）与真实盈余管理（REM）均显著负相关，说明归类变更盈余管理和另外两种盈余管理方式之间均存在替代关系。环境不确定性（EU）与应计盈余管理（AEM）、真实盈余管理（REM）均显著正相关，而与归类变更盈余管理关系不明显，表明环境不确定性越高，管理层越倾向于进行应计盈余管理和真实盈余管理行为。环境不确定性（EU）与股权质押（PLEDGE）显著正相关，说明环境不确定性越高，股权质押融资行为越多，也反映了环境不确定性高时，股权质押融资对其他融资方式具有替代效应。此外，SIZE、LEV、Shrcr1、BM、GROWTH、Big4 等控制变量均与盈余管理的代理变量显著相关，表明变量选取合理，模型设计具有说服力。

相关性分析

表 6.3

	AEM	REM	CEM	PLEDGE	EU	LEV	SIZE	Shrcr1	BM	GROWTH	Big4
AEM	1.000										
REM	0.247*** (0.000)	1.000									
CEM	-0.057*** (0.000)	-0.232*** (0.000)	1.000								
PLEDGE	0.039*** (0.000)	0.049*** (0.000)	0.003 (0.690)	1.000							
EU	0.026*** (0.001)	0.026*** (0.001)	-0.006 (0.404)	0.080*** (0.000)	1.000						
LEV	-0.059*** (0.000)	0.193*** (0.000)	-0.069*** (0.000)	-0.083*** (0.000)	0.110*** (0.000)	1.000					
SIZE	0.041*** (0.000)	-0.044*** (0.000)	0.020*** (0.009)	-0.122*** (0.000)	-0.164*** (0.000)	0.279*** (0.000)	1.000				
Shrcr1	0.014* (0.077)	-0.063*** (0.000)	0.029*** (0.000)	-0.182*** (0.000)	0.018** (0.020)	0.069*** (0.000)	0.281*** (0.000)	1.000			
BM	0.004 (0.616)	0.125*** (0.000)	-0.003 (0.727)	-0.132*** (0.000)	-0.071*** (0.000)	0.360*** (0.000)	0.532*** (0.000)	0.199*** (0.000)	1.000		
GROWTH	0.018** (0.019)	-0.093*** (0.000)	-0.006 (0.415)	0.070*** (0.000)	0.525*** (0.000)	0.031*** (0.000)	0.066*** (0.000)	0.029*** (0.000)	-0.107*** (0.000)	1.000	
Big4	-0.003 (0.719)	-0.057*** (0.000)	0.016** (0.034)	-0.119*** (0.000)	-0.042*** (0.000)	0.072*** (0.000)	0.323*** (0.000)	0.148*** (0.000)	0.196*** (0.000)	-0.015** (0.047)	1.000

注：括号内为 p 值；***、**、* 分别表示在 1%、5% 和 10% 水平上显著。

6.4.3　实证结果分析

表 6.4 展现了股权质押、环境不确定性与三种盈余管理方式回归结果，从第（1）列回归结果可以看出，PLEDGE 的回归系数为 0.034，在 1% 的水平上显著，PLEDGE×EU 的回归系数为 0.019，在 5% 的水平上显著，说明环境不确定性会强化存在股权质押企业的应计盈余管理偏好，H6.1a 得证。从第（2）列回归结果可以看出，PLEDGE 的回归系数为 0.028，在 1% 的水平上显著，PLEDGE×EU 的回归系数为 0.036，在 1% 的水平上显著，说明环境不确定性会强化存在股权质押企业的真实盈余管理偏好，H6.1b 得证。从第（3）列回归结果可以看出，PLEDGE 的回归系数为 0.049，在 5% 的水平上显著，PLEDGE×EU 的回归系数为 0.028，在 10% 的水平上显著，说明环境不确定性会强化存在股权质押企业的归类变更盈余管理偏好，H6.1c 得证。

以上结论说明，存在股权质押的上市公司有动机进行多种途径的盈余管理行为，稳定股价，防止股权质押融资风险。当环境不确定性增加时，股权质押企业会同时提高应计、真实及归类变更三种盈余管理行为，以化解环境不确定性造成的决策危机。值得注意的是，不同于上一章节宏观层面的不确定性因素的调节作用，环境不确定性衡量指标建立在企业财务业绩的基础之上，而客户、供应商、竞争者等利益相关群体与企业关联甚密，因此环境不确定性升高容易加重管理层的不安情绪，使得管理层想尽一切办法，不惜同时运用三种盈余管理手段，粉饰财务报告，迎合财务报告使用者对传统盈余以及核心盈余的预期，压制盈余波动带来的股价异动，避免股权质押危机的发生。

从控制变量回归结果可以看出，应计盈余管理与真实盈余管理通常同时存在于企业当中，而归类变更盈余管理行为与其他两种盈余管理行为相互替代，此结论与前面章节结论一致。此外，LEV 与 AEM 和 CEM 回归系数显著为负，而与 REM 回归系数显著为正，说明负债比率越高，越倾向进行真实盈余管理，替代应计盈余管理和归类变更盈余管理。SIZE 与 AEM 和 CEM 的回归系数显著为正，与 REM 回归系数显著为负，说明企业规模越大，越倾向进行应计盈余管理和归类变更盈余管理，替代真实盈余管理。Shrcr1 只与 AEM 显著正相关，说明第一股东持股比例越高，越倾向于采用应计盈余管理，而避免真实盈余管理对公司长期价值造成减损，且对核心盈余的关注度不足。BM 与 AEM 的回归系数显著为负，与 REM 的回归系数显著为正，而与 CEM 的回归系数不显著，说明公司估值越高，出于声誉维护以及降低诉讼风险的考虑，越倾向减少应计盈余管理行为，而以更加隐蔽的真实盈余管理行为替代。GROWTH 与 AEM、REM 及 CEM 均显著负相关，说明企业营业收入增长率越高，三种盈余管理程度越低。

表 6.4　　股权质押、环境不确定性与三种盈余管理方式回归结果

	(1) AEM	(2) REM	(3) CEM
PLEDGE	0.034 *** (2.903)	0.028 *** (3.102)	0.049 ** (2.155)
PLEDGE × EU	0.019 ** (2.253)	0.036 *** (5.463)	0.028 * (1.675)
EU	0.025 *** (3.647)	-0.013 ** (-2.467)	0.037 *** (2.707)
AEM		0.242 *** (38.958)	-0.013 (-0.775)
REM	0.396 *** (38.958)		-0.506 *** (-24.466)
CEM	-0.003 (-0.775)	-0.079 *** (-24.466)	
LEV	-0.548 *** (-17.768)	0.447 *** (18.538)	-0.283 *** (-4.593)
SIZE	0.049 *** (6.125)	-0.053 *** (-8.509)	0.031 * (1.946)
Shrcr1	0.002 *** (3.043)	-0.000 (-0.436)	0.001 (0.509)
BM	-0.257 *** (-7.950)	0.279 *** (11.062)	0.028 (0.441)

续表

	(1) AEM	(2) REM	(3) CEM
GROWTH	− 0.012 * (− 1.671)	− 0.050 *** (− 8.865)	− 0.059 *** (− 4.180)
Big4	0.022 (0.550)	0.042 (1.355)	0.067 (0.854)
_cons	− 0.694 *** (− 4.233)	0.720 *** (5.618)	− 0.558 * (− 1.720)
YEAR	Y	Y	Y
FIRM	Y	Y	Y
R^2	0.120	0.177	0.052
F	93.326	146.199	37.351
N	16 672	16 672	16 672

注：括号内为 t 值；***、**、*分别表示在 1%、5% 和 10% 水平上显著。

6.4.4　稳健性检验

本书用股权质押连续变量的对数（lnPledRatio）替换股权质押虚拟变量（PLEDGE），重复上述回归检验，其中，lnPledRatio 具体计算为 ln（股权质押股数/上市公司总股数×100）。研究发现，当环境不确定性高时，股权质押比例越高的企业越会强化应计盈余管理、真实盈余管理与归类变更盈余管理三种盈余管理程度，证明结果稳健。同时，我们依据企业年度内是否存在新增质押和是否存在控股股东质押分别设置新增质押虚拟变量（PLEDGE_N）和控股股东股权质押虚拟变量（PLEDGE_K），替换主回归模型中的股权质押虚拟变量 PLEDGE，同样验证了环境不确定性提高会正向调节股权质押与三种盈余管理行为间的正向关系。

表 6.5　　股权质押比例、环境不确定性与三种盈余管理方式回归结果

	（1） AEM	（2） REM	（3） CEM
lnPledRatio	0. 003 （0. 593）	0. 012 *** （2. 621）	0. 017 ** （2. 192）
lnPledRatio × EU	0. 007 * （1. 653）	0. 020 *** （2. 780）	0. 012 ** （2. 407）
EU	0. 031 *** （5. 213）	− 0. 018 ** （ − 2. 031）	0. 090 *** （11. 886）
AEM		0. 210 *** （37. 440）	− 0. 008 （ − 0. 777）
REM	0. 382 *** （39. 839）		− 0. 306 *** （ − 20. 944）
CEM	− 0. 006 （ − 0. 897）	− 0. 096 *** （ − 20. 716）	
LEV	− 0. 547 *** （ − 18. 627）	0. 422 *** （19. 369）	− 0. 031 （ − 0. 799）
SIZE	0. 054 *** （6. 949）	− 0. 057 *** （ − 10. 015）	− 0. 076 *** （ − 7. 434）
Shrcr1	0. 002 *** （3. 220）	− 0. 001 （ − 1. 137）	0. 001 （0. 769）
BM	− 0. 246 *** （ − 7. 992）	0. 301 *** （13. 190）	− 0. 004 （ − 0. 107）
GROWTH	− 0. 018 *** （ − 2. 636）	− 0. 059 *** （ − 13. 420）	− 0. 027 *** （ − 2. 974）
Big4	0. 012 （0. 314）	0. 040 （1. 418）	0. 045 （0. 906）
_cons	− 0. 793 *** （ − 5. 010）	0. 814 *** （6. 923）	1. 922 *** （9. 207）

续表

	(1) AEM	(2) REM	(3) CEM
FIRM	Y	Y	Y
YEAR	Y	Y	Y
R²	0.123	0.176	0.053
F	95.512	145.165	37.929
N	16 672	16 672	16 672

注：括号内为 t 值；***、**、*分别表示在 1%、5% 和 10% 水平上显著。

表 6.6　　控股股东股权质押及新增质押、环境不确定性与盈余管理

	(1) AEM	(2) REM	(3) CEM	(4) AEM	(5) REM	(6) CEM
PLEDGE_K	0.022 ** (1.965)	0.014 * (1.655)	0.009 (0.633)			
PLEDGE_K × EU	0.020 ** (2.380)	0.021 ** (1.971)	0.020 * (1.891)			
PLEDGE_N				0.030 *** (2.980)	0.016 ** (2.047)	0.026 ** (2.060)
PLEDGE_N × EU				0.019 ** (2.250)	0.036 *** (5.384)	0.019 * (1.788)
EU	0.025 *** (3.634)	− 0.019 ** (− 2.395)	0.083 *** (9.488)	0.025 *** (3.643)	− 0.014 ** (− 2.499)	0.084 *** (9.508)
AEM		0.248 *** (39.651)	− 0.008 (− 0.752)		0.243 *** (38.996)	− 0.008 (− 0.792)
REM	0.396 *** (39.042)		− 0.263 *** (− 19.916)	0.396 *** (38.996)		− 0.263 *** (− 19.943)
CEM	− 0.004 (− 0.869)	− 0.101 *** (− 19.541)		− 0.004 (− 0.892)	− 0.076 *** (− 23.960)	

续表

	（1） AEM	（2） REM	（3） CEM	（4） AEM	（5） REM	（6） CEM
LEV	-0.550 *** （-17.821）	0.468 *** （19.321）	-0.043 （-1.088）	-0.549 *** （-17.792）	0.446 *** （18.493）	-0.041 （-1.057）
SIZE	0.050 *** （6.272）	-0.061 *** （-9.710）	-0.071 *** （-6.979）	0.050 *** （6.214）	-0.053 *** （-8.413）	-0.071 *** （-7.037）
Shrcr1	0.002 *** （2.943）	-0.000 （-0.340）	0.001 （0.649）	0.002 *** （3.052）	-0.000 （-0.453）	0.001 （0.691）
BM	-0.257 *** （-7.951）	0.285 *** （11.219）	-0.023 （-0.557）	-0.257 *** （-7.955）	0.279 *** （11.062）	-0.023 （-0.560）
GROWTH	-0.012 * （-1.664）	-0.039 *** （-7.839）	-0.021 ** （-2.303）	-0.012 * （-1.696）	-0.049 *** （-8.765）	-0.021 ** （-2.324）
Big4	0.021 （0.534）	0.043 （1.363）	0.046 （0.931）	0.022 （0.564）	0.042 （1.355）	0.048 （0.958）
_cons	-0.708 *** （-4.321）	0.907 *** （7.010）	1.830 *** （8.865）	-0.702 *** （-4.286）	0.713 *** （5.562）	1.838 *** （8.904）
FIRM	Y	Y	Y	Y	Y	Y
YEAR	Y	Y	Y	Y	Y	Y
R^2	0.120	0.163	0.050	0.120	0.175	0.050
F	93.092	133.113	35.575	93.364	144.627	35.767
N	16 672	16 672	16 672	16 672	16 672	16 672

注：括号内为 t 值；*** 、** 、* 分别表示在 1%、5% 和 10% 水平上显著。

6.4.5 内生性问题

6.4.5.1 工具变量（IV）法

为了防止内生解释变量的干扰，本书进行了豪斯曼检验，发现在 1%

的显著性水平上拒绝了"所有解释变量均外生的原假设"。本书进一步考虑采取工具变量法缓解内生性问题。为了满足与解释变量相关而与随机误差项不相关。参考谢德仁等（2016）的做法，采用股权质押行业均值的对数（lnPledRatio_m）作为工具变量，采用两阶段最小二乘法（2SLS）。第一阶段中，股权质押行业均值的对数（lnPledRatio_m）与股权质押变量显著正相关，省份股权质押均值的对数与环境不确定性的交乘项（lnPledRatio_m × EU）和股权质押变量与环境不确定性的交乘项显著正相关；第二阶段回归中，用股权质押估计值作为代理变量，发现环境不确定性高时，存在股权质押的企业会同时增加应计盈余管理、真实盈余管理及归类变更盈余管理，说明考虑内生性问题后，本书结论仍然成立，部分结果如表 6.7 所示。

6.4.5.2　PSM 配对样本法

为了验证研究结论的稳健性，本书使用 PSM 法做进一步分析。其核心思想是，建立一个存在控股股东股权质押组（处理组，treatmentgroup）和一个不存在控股股东股权质押组（对照组，controlgroup），使得两组除了股权质押以外的其他特征尽可能贴合，比较环境不确定性对两组盈余管理行为影响差别。本书按照董事会规模、企业规模、资产负债率、营业收入增长率、审计师是否为四大、最终控制人类型指标一比一配对（配对情况如表 6.8 所示），然后回归分析。如表 6.9 所示，当被解释变量为应计盈余管理时，股权质押变量与环境不确定性变量的交乘项 PLEDGE × EU 显著为正，并在 1% 水平上通过了显著性检验；当被解释变量为真实盈余管理时，股权质押变量与环境不确定性变量的交乘项 PLEDGE × EU 显著为正，并在 5% 水平上通过了显著性检验；当被解释变量为归类变更盈余管理时，股权质押变量与环境不确定性变量的交乘项 PLEDGE × EU 系数显著为正，并在 10% 水平上通过了显著性检验，证实了研究结论的可靠性。

表 6.7　　工具变量法两阶段回归结果

VARIABLES	(1) 第一阶段 PLEDGE	(2) 第一阶段 PLEDGE × EU	(3) 第二阶段 AEM	(4) 第一阶段 PLEDGE	(5) 第一阶段 PLEDGE × EU	(6) 第二阶段 REM	(7) 第一阶段 PLEDGE	(8) 第一阶段 PLEDGE × EU	(9) 第二阶段 CEM
PLEDGE			1.236*** (2.66)			0.888** (2.40)			2.131** (2.50)
PLEDGE × EU			0.110* (1.66)			0.143*** (2.89)			0.318*** (2.78)
lnPledRatio_m	0.053*** (4.08)	0.059*** (3.45)		0.053*** (4.05)	0.061*** (3.52)		0.053*** (4.05)	0.059*** (3.41)	
lnPledRatio_m × EU	0.008** (2.46)	0.103*** (24.77)		0.007** (2.38)	0.109*** (26.27)		0.007** (2.33)	0.108*** (26.04)	
EU	0.009** (2.02)	0.432*** (70.76)	-0.039 (-1.46)	0.009* (1.89)	0.433*** (70.95)	-0.067*** (-3.36)	0.009** (2.03)	0.433*** (71.12)	-0.057 (-1.24)
AEM	0.030*** (3.89)	0.048*** (4.70)	0.291*** (15.86)	0.023*** (3.79)	0.022*** (2.84)	0.203 (17.58)	0.014* (1.93)	0.001 (0.11)	-0.056** (-2.10)
REM							0.022*** (2.67)	0.049*** (4.52)	-0.517*** (-16.61)
CEM	0.005 (1.50)	-0.004 (-1.02)	-0.010* (-1.75)	0.003 (1.01)	-0.008* (-1.85)	-0.077*** (-17.11)			

续表

VARIABLES	(1) 第一阶段 PLEDGE	(2) 第一阶段 PLEDGE × EU	(3) 第二阶段 AEM	(4) 第一阶段 PLEDGE	(5) 第一阶段 PLEDGE × EU	(6) 第二阶段 REM	(7) 第一阶段 PLEDGE	(8) 第一阶段 PLEDGE × EU	(9) 第二阶段 CEM
LEV	-0.053** (-2.26)	-0.084*** (-2.72)	-0.424*** (-9.23)	-0.034 (-1.48)	-0.056* (-1.82)	0.452*** (13.26)	-0.047** (-2.00)	-0.078** (-2.51)	-0.044 (-0.52)
SIZE	0.071*** (9.50)	0.064*** (6.38)	-0.051 (-1.51)	0.069*** (9.24)	0.058*** (5.81)	-0.124*** (-4.69)	0.071*** (9.45)	0.060*** (6.05)	-0.193*** (-3.10)
Shrcr1	0.000 (0.80)	-0.001 (-1.02)	0.001 (1.51)	0.000 (0.71)	-0.001 (-1.06)	-0.001 (-0.89)	0.000 (0.77)	-0.001 (-1.00)	0.000 (0.07)
BM	-0.006 (-0.25)	0.156*** (4.85)	-0.173*** (-3.97)	0.004 (0.15)	0.168*** (5.24)	0.243*** (7.13)	-0.004 (-0.16)	0.153*** (4.78)	-0.038 (-0.48)
GROWTH	-0.000 (-0.07)	0.058*** (8.07)	-0.029*** (-2.89)	-0.001 (-0.27)	0.057*** (7.96)	-0.071*** (-8.86)	-0.000 (-0.06)	0.060*** (8.35)	-0.111*** (-6.01)
Big4	-0.025 (-0.81)	-0.051 (-1.25)	0.037 (0.70)	-0.024 (-0.78)	-0.048 (-1.19)	0.069 (1.62)	-0.024 (-0.79)	-0.050 (-1.24)	0.126 (1.28)
Observations	15 013	15 013	15 013	15 013	15 013	15 013	15 013	15 013	15 013

注：括号内为 z 值；***、**、*分别表示在 1%、5% 和 10% 水平上显著。

表 6.8　　　　　　　　　　各年度匹配情况

2008 年匹配结果	是否在共同取值范围内		总计	2009 年匹配结果	是否在共同取值范围内		总计	2010 年匹配结果	是否在共同取值范围内		总计
	否	是			否	是			否	是	
对照组	0	870	870	对照组	0	867	867	对照组	0	929	929
处理组	48	195	243	处理组	45	227	272	处理组	73	204	277
总计	48	1 065	1 113	总计	45	1 094	1 139	总计	73	1 133	1 206

2011 年匹配结果	是否在共同取值范围内		总计	2012 年匹配结果	是否在共同取值范围内		总计	2013 年匹配结果	是否在共同取值范围内		总计
	否	是			否	是			否	是	
对照组	0	967	967	对照组	0	1 007	1 007	对照组	0	1 043	1 043
处理组	91	264	355	处理组	82	288	370	处理组	141	342	483
总计	91	1 231	1 322	总计	82	1 295	1 377	总计	141	1 385	1 526

2014 年匹配结果	是否在共同取值范围内		总计	2015 年匹配结果	是否在共同取值范围内		总计	2016 年匹配结果	是否在共同取值范围内		总计
	否	是			否	是			否	是	
对照组	0	1 156	1 156	对照组	0	1 066	1 066	对照组	0	1 026	1 026
处理组	238	478	716	处理组	397	647	1 044	处理组	518	700	1 218
总计	238	1 634	1 872	总计	397	1 713	2 110	总计	518	1 726	2 244

2017 年匹配结果	是否在共同取值范围内		总计	2018 年匹配结果	是否在共同取值范围内		总计
	否	是			否	是	
对照组	0	969	969	对照组	0	1 095	1 095
处理组	610	710	1 320	处理组	545	742	1 287
总计	610	1 679	2 289	总计	545	1 837	2 382

表 6.9　　股权质押、环境不确定性与盈余管理的回归结果（**PSM 配对样本**）

	（1） AEM	（2） REM	（3） CEM
PLEDGE	0.033 *** （2.591）	0.015 * （1.811）	0.047 ** （2.060）
PLEDGE × EU	0.035 *** （3.351）	0.014 ** （2.067）	0.018 * （1.914）
EU	0.019 *** （2.595）	− 0.011 ** （− 2.211）	0.047 *** （3.351）
AEM		0.192 *** （33.884）	− 0.017 （− 1.080）
REM	0.402 *** （37.176）		− 0.448 *** （− 22.102）
CEM	− 0.005 （− 1.081）	− 0.064 *** （− 21.359）	
LEV	− 0.527 *** （− 16.278）	0.349 *** （16.026）	− 0.282 *** （− 4.747）
SIZE	0.051 *** （5.873）	− 0.041 *** （− 7.015）	0.059 *** （3.722）
Shrcr1	0.002 *** （2.767）	− 0.001 ** （− 2.502）	0.001 （1.127）
BM	− 0.238 *** （− 6.836）	0.267 *** （11.434）	0.009 （0.147）
GROWTH	− 0.003 （− 0.392）	− 0.089 *** （− 16.188）	− 0.092 *** （− 6.313）
Big4	0.025 （0.642）	0.012 （0.456）	0.092 （1.321）
_cons	− 0.770 *** （− 4.312）	0.498 *** （4.150）	− 1.181 *** （− 3.647）

续表

	(1) AEM	(2) REM	(3) CEM
FIRM	Y	Y	Y
YEAR	Y	Y	Y
R^2	0.122	0.189	0.051
F	84.056	141.782	32.612
N	14 988	14 988	14 988

注：括号内为 t 值；***、**、* 分别表示在 1%、5% 和 10% 水平上显著。

6.4.6　进一步研究

6.4.6.1　基于行业集中度的讨论

我国由计划经济向市场经济转轨的过程中，行业市场化进程并不平衡，表现出一定非市场化特征，比如存在企业垄断。垄断行业通常具有企业数量少、规模大、替代品少、利润率高等特征，这类企业由于资金实力雄厚、信用状况好，发生财务危机的概率较小。因此，处于垄断行业的企业受环境不确定性的影响小；反之，处于市场竞争激烈的行业，企业受到环境不确定性的影响大。本书参考阿加瓦尔和萨姆威克（Aggarwal and Samwick，1999）的研究，采用赫芬达尔指数作为衡量产业集中度的指标。

$$HHI = \sum \left(\frac{x_i}{X} \right)^2 \tag{6.7}$$

其中，$X = \sum x_i^2$，x_i 是企业 i 的营业收入。该指标反映行业集中度高低。若该指标为 1，则该行业处于完全垄断状态；若该指标为 0，则该行业处于完全竞争状态。从表 6.10 结果可知，若行业集中度高，说明企业在行业内竞争优势明显，面对环境不确定性的冲击，会偏好通过应计盈余管理和真实盈余管理途径迎合外部投资者的盈余预期；若行业集中度低，说明企业在行业内竞争劣势明显，迫于同行竞争压力，更偏好通过真实盈余管理和归类变更盈余管理途径迎合投资者的盈余预期。

表 6.10　　　股权质押、环境不确定性与三种盈余管理方式
回归结果——基于产业集中度

	AEM		REM		CEM	
	（1） 产权集中 度低	（2） 产权集中 度高	（3） 产权集中 度低	（4） 产权集中 度高	（5） 产权集中 度低	（6） 产权集中 度高
PLEDGE	0.015 (0.869)	0.056 *** (2.902)	0.029 ** (2.283)	0.027 * (1.711)	0.040 ** (1.997)	0.052 ** (2.271)
PLEDGE × EU	0.000 (0.022)	0.035 *** (2.665)	0.062 *** (5.846)	0.026 ** (2.417)	0.052 *** (3.162)	0.008 (0.483)
EU	0.031 *** (2.860)	0.018 (1.608)	− 0.028 *** (− 3.411)	0.001 (0.077)	0.085 *** (6.602)	0.075 *** (5.681)
AEM			0.270 *** (29.731)	0.220 *** (21.933)	0.033 ** (2.163)	− 0.040 *** (− 2.626)
REM	0.471 *** (29.731)	0.340 *** (21.933)			− 0.344 *** (− 17.682)	− 0.213 *** (− 11.303)
CEM	0.013 * (1.731)	− 0.006 (− 0.849)	− 0.097 *** (− 18.105)	− 0.078 *** (− 13.944)		
LEV	− 0.606 *** (− 11.380)	− 0.650 *** (− 12.048)	0.558 *** (13.932)	0.529 *** (12.165)	0.056 (0.881)	− 0.134 ** (− 2.069)
SIZE	0.070 *** (5.199)	0.054 *** (4.023)	− 0.056 *** (− 5.506)	− 0.067 *** (− 6.217)	− 0.118 *** (− 7.447)	− 0.049 *** (− 3.097)
Shrcr1	0.003 *** (2.998)	0.003 *** (2.855)	− 0.002 ** (− 2.285)	0.001 (1.459)	0.000 (0.267)	0.001 (0.888)
BM	− 0.304 *** (− 6.359)	− 0.154 *** (− 2.763)	0.345 *** (9.580)	0.178 *** (3.975)	0.125 ** (2.217)	− 0.086 (− 1.303)
GROWTH	0.028 ** (2.272)	− 0.040 *** (− 3.628)	− 0.104 *** (− 11.104)	− 0.035 *** (− 3.873)	− 0.076 *** (− 5.175)	− 0.024 * (− 1.783)

续表

	AEM		REM		CEM	
	(1) 产权集中 度低	(2) 产权集中 度高	(3) 产权集中 度低	(4) 产权集中 度高	(5) 产权集中 度低	(6) 产权集中 度高
Big4	0.051 (0.877)	0.006 (0.098)	0.003 (0.066)	0.078 (1.496)	0.043 (0.620)	0.052 (0.682)
_cons	−1.105*** (−4.013)	−0.835*** (−3.059)	0.789*** (3.786)	0.933*** (4.245)	2.637*** (8.141)	1.327*** (4.091)
FIRM	Y	Y	Y	Y	Y	Y
YEAR	Y	Y	Y	Y	Y	Y
R^2	0.157	0.103	0.235	0.152	0.077	0.044
F	53.892	32.534	88.692	50.557	24.169	13.102
N	7 705	7 706	7 705	7 706	7 705	7 706

注：括号内为 t 值；*** 、** 、* 分别表示在 1%、5% 和 10% 水平上显著。

6.4.6.2 基于融资约束的讨论

由于信息不对称及代理成本问题的存在，企业内源融资与外源融资成本产生差异（卡普兰和辛格莱斯，1997）。由于企业外源融资频频碰壁，企业必然格外珍惜股权质押融资带来的便利。因此，当环境不确定性高时，融资约束程度高的企业会更有动力进行盈余管理活动，尽可能降低股权质押风险。本书依据企业融资约束程度的高低分为两组，结果如表 6.11 所示。研究发现，融资约束低的企业在面对高环境不确定性情况，会更偏好真实盈余管理手段，其次是归类变更盈余管理手段，最后是应计盈余管理手段。融资约束高的企业更偏好应计盈余管理手段，其次是真实盈余管理，而对归类变更盈余管理方式不敏感。由此可见，融资约束情况严重的企业在面临环境不确定性的冲击时，不惜铤而走险，期望通过最快的途径摆脱财务不利的局面，降低股权质押危机发生的可能。

表 6.11　　　　　股权质押、环境不确定性与三种盈余管理方式
回归结果——基于融资约束程度

	AEM		REM		CEM	
	（1）融资约束低	（2）融资约束高	（3）融资约束低	（4）融资约束高	（5）融资约束低	（6）融资约束高
PLEDGE	0.031 * （1.950）	0.042 ** （2.209）	0.036 *** （2.738）	0.026 * （1.822）	0.036 * （1.668）	0.035 * （1.671）
PLEDGE × EU	0.023 * （1.784）	0.041 *** （2.959）	0.035 *** （3.370）	0.024 ** （2.302）	0.039 ** （2.245）	− 0.013 （− 0.853）
EU	0.017 * （1.694）	0.024 ** （2.175）	− 0.032 *** （− 3.714）	0.011 （1.389）	0.101 *** （7.194）	0.064 *** （5.250）
AEM			0.256 *** （24.682）	0.185 *** （19.665）	0.063 *** （3.492）	− 0.021 （− 1.453）
REM	0.369 *** （24.682）	0.328 *** （19.665）			− 0.315 *** （− 14.955）	− 0.191 *** （− 10.149）
CEM	0.032 *** （4.540）	0.000 （0.054）	− 0.099 *** （− 17.163）	− 0.066 *** （− 12.726）		
LEV	− 0.951 *** （− 14.654）	− 0.697 *** （− 13.792）	0.430 *** （7.862）	0.349 *** （9.119）	0.353 *** （3.892）	0.061 （1.073）
SIZE	0.112 *** （7.818）	0.041 *** （3.157）	− 0.081 *** （− 6.819）	− 0.006 （− 0.587）	− 0.127 *** （− 6.447）	− 0.066 *** （− 4.554）
Shrcr1	− 0.001 （− 0.837）	0.004 *** （3.551）	0.002 * （1.876）	0.001 （1.032）	0.001 （0.954）	− 0.000 （− 0.213）
BM	− 0.260 *** （− 6.113）	− 0.280 *** （− 4.776）	0.398 *** （11.330）	− 0.007 （− 0.161）	0.024 （0.410）	0.121 * （1.850）
GROWTH	− 0.015 （− 1.438）	0.043 *** （3.398）	− 0.025 *** （− 2.795）	− 0.072 *** （− 7.561）	− 0.084 *** （− 5.731）	− 0.022 （− 1.592）
Big4	− 0.002 （− 0.042）	0.063 （0.945）	0.043 （0.992）	0.006 （0.123）	0.013 （0.176）	0.107 （1.459）

续表

	AEM		REM		CEM	
	(1) 融资约束低	(2) 融资约束高	(3) 融资约束低	(4) 融资约束高	(5) 融资约束低	(6) 融资约束高
_cons	−1.818*** (−6.192)	−0.391 (−1.484)	1.057*** (4.317)	0.039 (0.195)	2.802*** (6.927)	1.447*** (4.936)
FIRM	Y	Y	Y	Y	Y	Y
YEAR	Y	Y	Y	Y	Y	Y
R^2	0.137	0.117	0.182	0.108	0.069	0.031
F	43.941	37.987	61.771	34.677	20.440	9.161
N	7 795	7 796	7 795	7 796	7 795	7 796

注：括号内为 t 值；***、**、* 分别表示在 1%、5% 和 10% 水平上显著。

6.5 本 章 小 结

本章主要考察了环境不确定性对持股股东股权质押与上市公司盈余管理行为的调节作用。研究发现：环境不确定性提高时，存在股权质押的企业会同时增加应计盈余管理、真实盈余管理和归类变更盈余管理行为。结果说明，在激烈的市场竞争环境下，存在股权质押的企业的业绩压力更大，企业管理层被迫通过盈余管理释放企业经营状况良好的信号。换言之，企业管理层为弱化环境不确定性提高对二级市场股价造成的冲击，宁愿承担诉讼风险，牺牲企业未来价值，不断强化核心盈余，以争取在企业间的较量中获得投资者青睐，破解股权质押危局。在稳健性检验部分，本书对股权质押变量进行替换，结论保持不变。在内生性检验的部分，本书采用工具变量（IV）法和 PSM 配对样本法进行检验，尽可能排除了内生性问题的干扰，结果保持不变。在进一步研究中，本书对行业集中度以及企业融资约束情况进行考虑。研究发现，若行业集中度高，即企业竞争优势明显，面对环境不确定性的冲击，企业会偏好通过应计盈余管理和真实盈余管理途径迎合外部投资者的盈余预期；若行业集中度低，即企业竞争劣势明显，迫于同行竞争压力，企业更偏好通过真实盈余管理和归类变更盈余管理途径迎合投资者的盈余预期。研究还发现，融资约束低的企业在面对环境不确定性提高的情况时，会更加偏好真实盈余管理，其次是归类变更盈余管理，最后是应计盈余管理；融资约束高的企业更加偏好应计盈余管理，其次是真实盈余管理，而对归类变更盈余管理不敏感。由此可见，融资约束情况严重的企业在面临环境不确定性的冲击时，宁愿承担一定诉讼风险，也要尽快摆脱财务不利的局面，降低股权质押危机发生的可能。

第7章 研究结论、政策建议与研究展望

本章旨在对本研究进行梳理和总结。首先，本章介绍本书的主要研究结论，并根据研究结论提出相应的政策建议；其次，根据研究过程中无法克服的困难，指出本书存在的局限性与不足；最后，指明未来研究方向，供他人研究参考。

7.1 研究结论

近年来，随着"市值管理"的概念被逐步强化，股权质押领域的研究越来越多的集中于股东股权质押与市值管理行为方面，如信息披露行为、盈余管理行为、股利分配行为以及税收规避行为等。质押股东的盈余管理行为是一种最为典型的市值管理行为，然而现有研究仅仅关注到应计盈余管理与真实盈余管理两种手段，却忽视了归类变更盈余管理行为的重要地位。并且，随着外部不确定性因素的增加，企业的盈余管理行为表现更加复杂化。某种盈余管理程度下降，并不一定代表公司整体盈余质量的提升，也可能是管理层的盈余管理选择偏好发生改变。综合以上情况，本书将归类变更盈余管理手段补充到现有盈余管理研究框架中，在控制另外两种盈余管理程度的同时，分别研究管理层股权质押对于三种盈余管理行为的影响。此外，现有研究均将股权质押置于静态环境中，并没有考虑外部不确定性因素。本书从经济政策不确定性和环境不确定性两个方面，进一步考察质押股东的不同盈余管理手段在遭遇外部不确定性因素的冲击时，质押股东会如何权衡三种盈余管理手段的成本和收益，进而产生选择偏好。主要研究结论如下：

　　首先，本书分析了股权质押对企业盈余管理行为的影响机理，介绍了盈余管理的三种手段，即应计盈余管理、真实盈余管理和归类变更盈余管理，并结合实证方法加以验证。研究发现：持股股东股权质押会诱导上市公司进行盈余管理行为，在以一种盈余管理程度做被解释变量，并控制另外两种盈余管理程度的基础上，依然可以看到股权质押对该种盈余管理程度的促进效应。该结论经过稳健性检验并排除内生性问题干扰后，依然成立。在进一步研究中，本书发现：相比国有控股公司，非国有控股公司中的股东在股权质押后，更有动机进行盈余管理行为；相比于市场化程度低的地区，地区的市场化程度越高，对存在股权质押企业的盈余管理行为抑制作用越明显；由于投资者对股权质押表现出恐慌等非理性情绪特征，导致存在股权质押公司的股价同步性下降。存在股权质押的企业进行应计盈余管理，会加剧投资者非理性情绪，进一步降低股价同步性；存在股权质押的企业进行真实盈余管理对股价同步性影响不明显，原因在于真实盈余管理更具隐蔽性，往往藏匿于企业生产经营活动中，不容易被投资者发现；存在股权质押的企业进行归类变更盈余管理会弱化股权质押对股价同步性的负面影响，说明归类变更盈余管理能够有效稳定投资者情绪，提振投资者信心。

　　其次，本书考察了经济政策不确定性对存在股权质押公司的盈余管理选择偏好的影响。研究发现：经济政策不确定性对股东股权质押与上市公司盈余管理行为存在调节作用。具体地，经济政策不确定性越高，存在股权质押的企业越可能减少应计盈余管理，增加真实盈余管理，而经济政策不确定性对存在股权质押企业的归类变更盈余管理行为影响不明显。即当外界经济政策不确定性程度提高时，存在股权质押的企业会更加偏好真实盈余管理，减少应计盈余管理，并以真实盈余管理代替应计盈余管理，以降低盈余管理成本。然而，经济政策不确定高时，外界投资者及其他利益相关方并没有足够关注企业核心盈余以及企业盈余持续性。所以，经济政策不确定性对股权质押与归类变更盈余管理的调节作用不明显。进一步研究发现，当东部地区的经济政策不确定性程度提高时，股权质押企业会减少应计盈余管理，以真实盈余管理代替应计盈余管理，以降低盈余管理成本；在西部地区，经济政策不确定性对存在股权质押企业的盈余管理行为调节作用不明显。从侧面可以看出，相比东部地区，西部地区市场经济仍处于欠发达状态。划分板块发现，无论是曾经的中小板、创业板还是其他板块，存在股权质押的企业在应对经济政策不确定性冲击时，都会减少应计盈余管理，增加真实盈余管理，以真实盈余管理替代应计盈余管理，最终达到盈余目标。

最后，本书考察了环境不确定性对存在股权质押公司的盈余管理选择偏好的影响。研究发现：环境不确定性对股权质押与三种盈余管理的关系具有调节作用，环境不确定性提高时，存在股权质押的企业会同时增加应计盈余管理、真实盈余管理和归类变更盈余管理行为。结果说明，在激烈的市场竞争环境下，存在股权质押的企业的业绩压力更大，企业管理层被迫通过盈余管理释放企业经营状况良好的信号。换言之，企业管理层为弱化环境不确定性提高而对二级市场股价造成的冲击，宁愿承担诉讼风险，牺牲企业未来价值，不断强化核心盈余，以争取在企业间的较量中获得投资者青睐，破解股权质押危局。进一步研究发现，若行业集中度高，即企业所处行业存在明显垄断特征，企业在面对环境不确定性的冲击时，会偏好通过应计盈余管理和真实盈余管理途径迎合外部投资者的盈余预期；若行业集中度低，即企业所处行业竞争相对激烈，企业迫于同行竞争压力，更偏好通过真实盈余管理和归类变更盈余管理途径迎合投资者的盈余预期。基于企业融资约束角度，本书还发现，融资约束低的企业在面对较高的环境不确定性情况时，会更偏好真实盈余管理手段，其次是归类变更盈余管理手段，最后是应计盈余管理手段；融资约束高的企业更偏好应计盈余管理手段，其次是真实盈余管理手段，而对归类变更盈余管理不敏感。由此可见，融资约束情况严重的企业在面临环境不确定性的冲击时，宁愿承担一定诉讼风险，以此尽快摆脱财务不利的局面，降低股权质押危机发生的可能。

7.2 政 策 建 议

本部分内容给出政策建议，以期促进监管机构、企业主体与外部投资者更好监控并防范股权质押风险。

7.2.1 监管机构增强对股权质押企业盈余管理的识别力度

近年来，对归类变更盈余管理的考察正逐渐引起研究者们的注意。本书的研究结论也再次印证了股东质押股权后会增加归类变更盈余管理程度。然而，存在股权质押企业的归类变更盈余管理程度却对经济政策不确定性因素的变化不敏感，说明监管者及外部投资者尚未重视企业归类变更盈余管理行为的重要作用。实际上，盈余管理行为几乎不可能在企业中消除，而是基于企业发展需要、外部监管达标、相关者利益均衡等目标综合而成的企业盈余管理决策。企业盈余管理选择偏好虽然取决于企业管理层意图，但很大程度上依赖于外部监督机构及投资者对盈余管理手段的识别能力。尤其对于存在股权质押的企业，本身具有强烈的市值管理需求，应该成为相关的监管机构审查的重点。随着企业盈余管理行为越来越隐蔽，识别难度越来越大，监管机构也应该建立更加完备的识别体系，不放过企业盈余操纵的蛛丝马迹。

7.2.2　企业应建立并完善经济政策不确定性系统评价机制

宏观经济政策是政府引导企业行为的重要手段。对于特定经济政策的颁布和实施，管理层会基于企业经营情况产生合理预期，从而适时地调整企业行为。而经济政策频繁波动产生的高度不确定性，会加大管理层的预判偏差，容易导致决策失误，使企业蒙受损失。为了更好地适应经济政策不确定性增加的趋势，企业应该建立并完善经济政策不确定性系统评价机制，根据公司不同模块的特点，分模块的建立经济政策不确定性的应对机制，在稳固企业经营目标的基础上形成各部门联动机制，共同应对经济政策不确定性的冲击。与此同时，也能够为各部门在危机应对上积累宝贵经验，将不确定性降到最低。

7.2.3　鼓励建立良好的市场秩序，避免股权质押引发恶性竞争

监管部门应该加大对企业过度包装业绩的惩处力度，督促目标企业以及上下游企业共同建立良性互助机制，避免在关键时刻落井下石。同时，也要鼓励投资者正确面对环境不确定性在合理范围内变化，做到理性投资，弱化情绪渲染的负面效果。此外，行业内竞争者应该秉承公开透明的竞争理念，合理使用股权质押融资手段，并将借入资金用于改善公司实际

业绩，而非将主要精力放在美化业绩数字，要尽可能避免股权质押引发的行业内恶性竞争。

7.3 研 究 局 限

本书以股权质押为背景，结合企业常用的三种盈余管理手段，系统的考察了管理层股权质押对其盈余管理行为选择偏好的影响，打破了传统研究的静态环境，首次引入外部不确定性因素的冲击，具体考察管理层对不同盈余管理手段的取舍和选择。尽管本书的研究逻辑较为严密，研究内容也相对完整，但依然存在局限性。

第一，尽管本书在研究股权质押与某一种盈余管理行为时，对另外两种盈余管理程度进行了控制，但依旧未能解决企业在盈余管理手段选择上的时序性问题。根据不同盈余管理手段的特点，应计盈余管理主要存在于会计期末至财务报告报出日之间，而真实盈余管理可以贯穿整个财务年度。因此，以往研究发现应计盈余管理和真实盈余管理各自有实施的有利时机且存在先后顺序。然而归类变更盈余管理实施的契机在何时，以及对于质押股权的控股股东而言，三种盈余管理手段的实施是否存在时序性等，有待以后的研究者做更加深入的探讨。

第二，尽管本书从理论分析上，阐释了外部不确定性因素发挥调节作用可能的作用机理，并通过实证进一步予以证实，但未能具体验证外部不确定性具体作用路径，比如通过影响企业销售环节、研发环节还是其他。此外，管理层在面对外部不确定因素冲击时做出的盈余管理选择是否还受到企业其他运营决策的影响，比如外部不确定性因素具体冲击了企业某重要板块业务，企业不得已选择某种盈余管理行为等，我们还不得而知。

第三，本书对外部不确定性因素的衡量，尽管从宏观层面和微观层面选择了经济政策不确定性和环境不确定性两种典型的外部不确定性因素，试图探讨不同层面的外部不确定性因素对于企业作用效果的差异。但是，是否存在影响力更强的外部不确定性因素我们还不得而知。此外，本书逐个引入外部不确定性因素，没有考虑外部不确定因素是否存在抵减效应或者叠加效应，期待后续研究能增加维度，弥补不足。

7.4　进一步的研究方向

本书首次将外部不确定性因素纳入微观主体盈余管理行为的研究范畴，研究了股权质押中的盈余管理行为。通过理论分析和实证检验，股权质押对盈余管理行为的研究取得了一定进展，但是仍存在一定局限性，可以通过未来的进一步研究予以弥补。

第一，在现有研究的基础上细化统计口径，收集季报或半年报数据，针对归类变更盈余管理手段涉及的常用会计科目进行监控，探索科目间变化的共性，并发现规律。在其他情况保持不变的基础上，将股权质押后的季度数据与质押前的季度数据做横向比较，具体探究归类变更盈余管理实施条件及实施时间。

第二，探索外部不确定性因素作用于微观主体的具体路径，可以厘清外部不确定性因素究竟是对企业正常商业活动造成实质性影响，还是人为放大了管理层恐慌情绪的渲染效果。深入研究外部不确定性对企业经营中不同模块的影响差异，具体区分外部不确定性因素对股权质押企业盈余管理行为的影响，是源于其他正常商业活动遭受实质性影响，还是由于人为放大了管理层恐慌情绪的渲染效果，使得管理层为了应对不确定性因素而产生预防动机，探索外部不确定性因素的影响路径。

第三，细化外部不确定性因素的分类，同时结合行业特点，分行业研究外部不确定性因素对行业内企业的影响，剔除行业差异对企业的影响。此外，将外部不确定性因素逐一加入研究模型，探索不确定性因素间的相互影响，并根据其不确定性高低对样本时间区间做进一步划分，确定外部不确定性因素的影响之间是否具有抵减效应或者叠加效应。

附　　录

附录 A　　　　　　　　　　　　**非经常性损益项目修订过程**

	内容	2001 年	2004 年	2007 年	2008 年
1	非流动性资产处置损益		√	√	√
2	越权审批，或无正式批准文件，或偶发性的税收返还、减免	√	√	√	√
3	计入当期损益的政府补助，但与公司正常经营业务密切相关，符合国家政策规定、按照一定标准定额或定量持续享受的政府补助除外	√	√	√	√
4	企业取得子公司、联营企业及合营企业的投资成本小于取得投资时应享有被投资单位可辨认净资产公允价值产生的收益		√	√	√
5	计入当期损益的对非金融企业收取的资金占用费		√	√	√
6	因不可抗力因素，如遭受自然灾害而计提的各项资产减值准备		√	√	√
7	单独进行减值测试的应收款项减值准备转回		√		√
8	债务重组损益		√	√	√
9	非货币性资产交换损益	√	√	√	√
10	除同公司正常经营业务相关的有效套期保值业务外，持有交易性金融资产、交易性金融负债产生的公允价值变动损益，以及处置交易性金融资产、交易性金融负债和可供出售金融资产取得的投资收益	√	√		√
11	企业重组费用			√	√

续表

	内容	2001 年	2004 年	2007 年	2008 年
12	同一控制下企业合并产生的子公司期初至合并日的当期净损益			√	√
13	交易价格显失公允的交易产生的超过公允价值部分的损益				√
14	采用公允价值模式进行后续计量的投资性房地产公允价值变动产生的损益				√
15	根据税收、会计等法律、法规的要求对当期损益进行一次性调整对当期损益的影响				√
16	委托他人投资或管理资产的损益		√	√	√
17	对外委托贷款取得的损益				√
18	受托经营取得的托管费收入				√
19	与公司正常经营业务无关的或有事项产生的损益			√	√
20	除上述各项之外的其他营业外收入和支出	√	√		
21	其他符合非经常性损益定义的损益项目	√	√	√	√

资料来源：依据中国证券监督管理委员会政策法规整理。

附录 B　　　　　　　　我国涉及扣非后净利润监管政策

政策出台时间	发布部门	监管对象	具体内容
2006 年 5 月	证监会	IPO	最近 3 个会计年度净利润均为正数且累计超过人民币 3 000 万元，净利润以扣除非经常性损益前后较低者为计算依据
2006 年 5 月	证监会	配股	最近 3 个会计年度连续盈利，扣除非经常性损益后的净利润与扣除前的净利润相比，以低者作为计算依据
2006 年 5 月	证监会	公开增发股票和公开发行可转换债权	最近 3 年加权平均净资产收益率不低于 6%（扣除非经常性损益后的净利润与扣除前的净利润相比，以低者作为计算依据）
2006 年 5 月	证监会	其他特别处理及撤销	撤销股票交易退市风险警示后，若扣除非经常性损益会后的净利润为负值，要进行其他特别处理；被其他特别处理后，最近 1 个会计年度，只有扣非后净利润为正值，才能撤销处理

续表

政策出台时间	发布部门	监管对象	具体内容
2012 年 7 月	沪深交易所	恢复上市	被暂停上市公司最近一个会计年度经审计的扣除非经常性损益前后的净利润为正值
2012 年 7 月	上交所	重新上市	终止上市公司最近两个会计年度经审计的净利润均为正值且累计超过 2 000 万元（净利润以扣除非经常性损益前后孰低者为计算依据）

资料来源：依据证监会官网和证券交易所官网收集整理。

附录 C　　　　非经常性损益项目与会计科目的对应关系

非经常性损益项目	影响利润表科目
非流动性资产处置损益，包括已计提资产减值准备的冲销部分	营业外收入、营业外支出、投资收益
越权审批，或无正式批准文件，或偶发性的税收返还、减免	营业外收入
计入当期损益的对非金融企业收取的资金占用费	营业外收入
计入当期损益的对非金融企业收取的资金占用费	财务费用、其他业务收入
企业取得子公司、联营企业及合营企业的投资成本小于取得投资时应享有被投资单位可辨认净资产公允价值产生的收益	营业外收入
非货币性资产交换损益	主营业务收入、主营业务成本、其他业务收入、其他业务成本、投资收益、营业外收入、营业外支出
委托他人投资或管理资产的损益	管理费用
因不可抗力因素，如遭受自然灾害而计提的各项资产减值准备	资产减值损失
债务重组损益	营业外收入、营业外支出
企业重组费用，如安置职工的支出、整合费用	管理费用、冲减所有者权益

资料来源：依据企业会计准则自行整理。

参 考 文 献

[1] 艾大力，王斌．论大股东股权质押与上市公司财务：影响机理与市场反应 [J]．北京工商大学学报（社会科学版），2012，27（04）：72-76．

[2] 白云霞，王亚军，吴联生．业绩低于阈值公司的盈余管理——来自控制权转移公司后续资产处置的证据 [J]．管理世界，2005（05）：135-143．

[3] 才国伟，吴华强，徐信忠．政策不确定性对公司投融资行为的影响研究 [J]．金融研究，2018（03）：89-104．

[4] 曹丰，李珂．控股股东股权质押与上市公司审计意见购买 [J]．审计研究，2019（02）：108-118．

[5] 陈大鹏，施新政，陆瑶，李卓．员工持股计划与财务信息质量 [J]．南开管理评论，2019，22（01）：166-180．

[6] 陈德球，陈运森，董志勇．政策不确定性、市场竞争与资本配置 [J]．金融研究，2017（11）：65-80．

[7] 陈德球，陈运森，董志勇．政策不确定性、税收征管强度与企业税收规避 [J]．管理世界，2016（05）：151-163．

[8] 陈德球，金雅玲，董志勇．政策不确定性、政治关联与企业创新效率 [J]．南开管理评论，2016，19（04）：27-35．

[9] 陈国进，王少谦．经济政策不确定性如何影响企业投资行为 [J]．财贸经济，2016（05）：5-21．

[10] 陈峻，王雄元，彭旋．环境不确定性、客户集中度与权益资本成本 [J]．会计研究，2015（11）：76-82，97．

[11] 陈胜蓝，李占婷．经济政策不确定性与分析师盈余预测修正 [J]．世界经济，2017，40（07）：169-192．

[12] 陈胜蓝，刘晓玲．经济政策不确定性与公司商业信用供给 [J]．金融研究，2018（05）：172-190．

［13］陈胜蓝，王可心. 经济政策不确定性和公司业绩预告［J］. 投资研究，2017，36（05）：103－119.

［14］陈秋秋. 计税折旧政策下的盈余管理——基于2014年会计政策变更的初步检验［J］. 证券市场导报，2016（06）：42－48.

［15］褚剑，秦璇，方军雄. 中国式融资融券制度安排与分析师盈利预测乐观偏差［J］. 管理世界，2019，35（01）：151－166，228.

［16］代冰彬，陆正飞，张然. 资产减值：稳健性还是盈余管理［J］. 会计研究，2007（12）：35－42，96.

［17］杜丽贞，马越，陆通. 中国民营上市公司股权质押动因及纾解策略研究［J］. 宏观经济研究，2019（07）：148－160.

［18］杜勇，张欢，杜军，韩佳丽. 控股股东股权质押能帮助公司扭亏吗？——来自中国亏损上市公司的证据［J］. 上海财经大学学报，2018，20（06）：77－93.

［19］樊行健，郑珺. 非经常性损益的列报：理论、准则与分析［J］. 会计研究，2009（11）：36－43，95.

［20］冯根福. 双重委托代理理论：上市公司治理的另一种分析框架——兼论进一步完善中国上市公司治理的新思路［J］. 经济研究，2004（12）：16－25.

［21］富钰媛，苑泽明. 兼济天下还是独善其身——大股东股权质押与慈善捐赠［J］. 当代财经，2019（07）：118－129.

［22］高雨，闫绪奇. 上市公司分类转移盈余管理研究——基于政策监管视角［J］. 会计与经济研究，2014，28（01）：32－42.

［23］龚启辉，吴联生，王亚平. 两类盈余管理之间的部分替代［J］. 经济研究，2015，50（06）：175－188，192.

［24］顾署生，周冬华. 会计准则变迁、资产类型与资产减值应计可靠性［J］. 经济管理，2016，38（11）：146－158.

［25］顾夏铭，陈勇民，潘士远. 经济政策不确定性与创新——基于我国上市公司的实证分析［J］. 经济研究，2018，53（02）：109－123.

［26］官本仁. 股权质押的特征、优势与风险防范［J］. 亚太经济，2003（05）：93－94.

［27］郭华，王程，李后建. 政策不确定性、银行授信与企业研发投入

[J]. 宏观经济研究, 2016 (02): 89-105, 112.

[28] 韩慧博, 吕长江, 李然. 非效率定价、管理层股权激励与公司股票股利 [J]. 财经研究, 2012, 38 (10): 47-56, 100.

[29] 郝项超, 梁琪. 最终控制人股权质押损害公司价值么? [J]. 会计研究, 2009 (07): 57-63, 96.

[30] 何平林, 辛立柱, 潘哲煜, 李涛. 上市公司股票送转行为动机研究——基于股权质押融资视角的证据 [J]. 会计研究, 2018 (03): 57-63.

[31] 何涛, 陈小悦. 中国上市公司送股、转增行为动机初探 [J]. 金融研究, 2003 (09): 44-56.

[32] 何威风, 刘怡君, 吴玉宇. 大股东股权质押和企业风险承担研究 [J]. 中国软科学, 2018 (05): 110-122.

[33] 何瑛, 李娇, 王增民. 中国上市公司宣告和实施股份回购的影响因素研究 [J]. 管理评论, 2016, 28 (04): 12-20.

[34] 侯德帅, 董曼茹, 赵远方. 宏观经济政策不确定性与企业关联交易行为 [J]. 财经研究, 2019, 45 (12): 99-110, 137.

[35] 胡珺, 汤泰劼, 宋献中. 企业环境治理的驱动机制研究: 环保官员变更的视角 [J]. 南开管理评论, 2019, 22 (02): 89-103.

[36] 胡玮瑛, 徐志翰, 胡新华. 微利上市公司盈余管理的统计分析 [J]. 复旦学报 (自然科学版), 2003 (05): 807-814.

[37] 黄登仕, 黄禹舜, 周嘉南. 控股股东股权质押影响上市公司"高送转"吗? [J]. 管理科学学报, 2018, 21 (12): 18-36, 94.

[38] 黄志忠, 韩湘云. 大股东股权质押、资金侵占与盈余管理 [J]. 当代会计评论, 2014, 7 (02): 19-34.

[39] 江伟, 胡玉明, 吕喆. 应计盈余管理影响企业的成本粘性吗 [J]. 南开管理评论, 2015, 18 (02): 83-91.

[40] 姜毅, 刘淑莲. 基于 Probit 模型的上市公司融资优序的再检验 [J]. 经济与管理, 2011, 25 (09): 70-74.

[41] 蒋腾, 张永冀, 赵晓丽. 经济政策不确定性与企业债务融资 [J]. 管理评论, 2018, 30 (03): 29-39.

[42] 荆涛, 郝芳静, 栾志乾. 股权质押、利率水平与股价崩盘风险 [J]. 投资研究, 2019, 38 (03): 63-78.

[43] 柯艳蓉，李玉敏，吴晓晖. 控股股东股权质押与企业投资行为——基于金融投资和实业投资的视角 [J]. 财贸经济，2019，40（04）：50-66.

[44] 黎来芳，陈占燎. 控股股东股权质押降低信息披露质量吗？[J]. 科学决策，2018（08）：1-20.

[45] 黎来芳. 商业伦理诚信义务与不道德控制——鸿仪系"掏空"上市公司的案例研究 [J]. 会计研究，2005（11）：8-14.

[46] 李常青，李宇坤，李茂良. 控股股东股权质押与企业创新投入 [J]. 金融研究，2018（07）：143-157.

[47] 李常青，幸伟，李茂良. 控股股东股权质押与现金持有水平："掏空"还是"规避控制权转移风险"[J]. 财贸经济，2018，39（04）：82-98.

[48] 李常青，幸伟. 控股股东股权质押影响高管薪酬——业绩敏感性吗？[J]. 经济管理，2018，40（05）：157-174.

[49] 李常青，幸伟. 控股股东股权质押与上市公司信息披露 [J]. 统计研究，2017，34（12）：75-86.

[50] 李春涛，赵一，徐欣，李青原. 按下葫芦浮起瓢：分析师跟踪与盈余管理途径选择 [J]. 金融研究，2016（04）：144-157.

[51] 李凤羽，史永东. 经济政策不确定性与企业现金持有策略——基于中国经济政策不确定指数的实证研究 [J]. 管理科学学报，2016，19（06）：157-170.

[52] 李凤羽，杨墨竹. 经济政策不确定性会抑制企业投资吗？——基于中国经济政策不确定指数的实证研究 [J]. 金融研究，2015（04）：115-129.

[53] 李旎，蔡贵龙，郑国坚. 市值管理的综合分析框架：理论与实践 [J]. 会计与经济研究，2018，32（02）：75-95.

[54] 李旎，郑国坚. 市值管理动机下的控股股东股权质押融资与利益侵占 [J]. 会计研究，2015（05）：42-49，94.

[55] 李伟. 不确定性环境下会计稳健性对审计收费、审计意见的影响 [J]. 审计研究，2015（01）：91-98.

[56] 李晓溪，刘静，王克敏. 公开增发公司分类转移与核心盈余异象

研究 [J]. 会计研究, 2015 (07): 26 - 33, 96.

[57] 李心丹, 俞红海, 陆蓉, 徐龙炳. 中国股票市场"高送转"现象研究 [J]. 管理世界, 2014 (11): 133 - 145.

[58] 李永伟, 李若山. 上市公司股权质押下的"隧道挖掘"——明星电力资金黑洞案例分析 [J]. 财务与会计, 2007 (02): 39 - 42.

[59] 廖冠民, 张广婷. 盈余管理与国有公司高管晋升效率 [J]. 中国工业经济, 2012 (04): 115 - 127.

[60] 廖珂, 崔宸瑜, 谢德仁. 控股股东股权质押与上市公司股利政策选择 [J]. 金融研究, 2018 (04): 172 - 189.

[61] 林钟高, 郑军, 卜继栓. 环境不确定性、多元化经营与资本成本 [J]. 会计研究, 2015 (02): 36 - 43, 93.

[62] 刘宝华, 罗宏, 周微. 股权激励行权限制与盈余管理优序选择 [J]. 管理世界, 2016 (11): 141 - 155.

[63] 刘行健, 刘昭. 内部控制对公允价值与盈余管理的影响研究 [J]. 审计研究, 2014 (02): 59 - 66.

[64] 刘婧, 罗福凯, 王京. 环境不确定性与企业创新投入——政府补助与产融结合的调节作用 [J]. 经济管理, 2019, 41 (08): 21 - 39.

[65] 刘志远, 王存峰, 彭涛, 郭瑾. 政策不确定性与企业风险承担: 机遇预期效应还是损失规避效应 [J]. 南开管理评论, 2017, 20 (06): 15 - 27.

[66] 柳光强. 税收优惠、财政补贴政策的激励效应分析——基于信息不对称理论视角的实证研究 [J]. 管理世界, 2016 (10): 62 - 71.

[67] 陆建桥. 中国亏损上市公司盈余管理实证研究 [J]. 会计研究, 1999 (09): 25 - 35.

[68] 路军伟, 马威伟. 非经常性损益、隐蔽空间与上市公司盈余管理——来自沪深 A 股市场 2009～2013 年的经验证据 [J]. 山西财经大学学报, 2015, 37 (05): 113 - 124.

[69] 罗正英, 周中胜, 詹乾隆. 中小企业的银行信贷融资可获性: 企业家异质特征与金融市场化程度的影响 [J]. 会计研究, 2010 (06): 44 - 50, 95 - 96.

[70] 吕晓亮. 控股股东股权质押与公司违规 [J]. 山西财经大学学报,

2017, 39 (11)：84 - 96.

[71] 牛建波，赵静. 信息成本、环境不确定性与独立董事溢价 [J].南开管理评论，2012, 15 (02)：70 - 80.

[72] 潘孝珍，潘婉均. 公允价值计量下的上市公司盈余管理路径演变——基于财政部发布 CAS39 的实证研究 [J]. 杭州电子科技大学学报（社会科学版），2018, 14 (05)：27 - 34.

[73] 彭冲，陆铭. 从新城看治理：增长目标短期化下的建城热潮及后果 [J]. 管理世界，2019, 35 (08)：44 - 57, 190 - 191.

[74] 彭俞超，韩珣，李建军. 经济政策不确定性与企业金融化 [J].中国工业经济，2018 (01)：137 - 155.

[75] 钱爱民，张晨宇. 政策不确定性、会计信息质量与银行信贷合约——基于民营企业的经验证据 [J]. 中国软科学，2016 (11)：121 - 136.

[76] 钱爱民，张晨宇. 股权质押与信息披露策略 [J]. 会计研究，2018 (12)：34 - 40.

[77] 屈文洲，谢雅璐，叶玉妹. 信息不对称、融资约束与投资—现金流敏感性——基于市场微观结构理论的实证研究 [J]. 经济研究，2011, 46 (06)：105 - 117.

[78] 饶品贵，徐子慧. 经济政策不确定性影响了企业高管变更吗？[J]. 管理世界，2017 (01)：145 - 157.

[79] 饶品贵，岳衡，姜国华. 经济政策不确定性与企业投资行为研究 [J]. 世界经济，2017, 40 (02)：27 - 51.

[80] 任碧云，杨克成. 大股东增持股份动机是择时还是自保？——基于股权质押的经验证据 [J]. 财经问题研究，2018 (09)：68 - 75.

[81] 申慧慧，吴联生，肖泽忠. 环境不确定性与审计意见：基于股权结构的考察 [J]. 会计研究，2010 (12)：57 - 64.

[82] 申慧慧，于鹏，吴联生. 国有股权、环境不确定性与投资效率 [J]. 经济研究，2012, 47 (07)：113 - 126.

[83] 申慧慧. 环境不确定性对盈余管理的影响 [J]. 审计研究，2010 (01)：89 - 96.

[84] 沈毅，张慧雪，贾西猛. 经济政策不确定性、高管过度自信与企业创新 [J]. 经济问题探索，2019 (02)：39 - 50.

[85] 宋霞，魏邓茜，程晨．控股股东股权质押与公司避税 [J]．财贸研究，2019，30 (09)：90-100．

[86] 宋岩，宋爽．股权质押与市值管理：基于中国沪深股市 A 股上市公司的实证检验 [J]．中国管理科学，2019，27 (06)：10-20．

[87] 孙建飞．公司治理、股权质押与停牌操纵——来自自然实验的证据 [J]．金融经济学研究，2017，32 (02)：92-105．

[88] 孙早，刘李华，孙亚政．市场化程度、地方保护主义与 R&D 的溢出效应——来自中国工业的经验证据 [J]．管理世界，2014 (08)：78-89．

[89] 孙铮，王跃堂．资源配置与盈余操纵之实证研究 [J]．财经研究，1999 (04)：3-9，64．

[90] 谭燕，吴静．股权质押具有治理效用吗？——来自中国上市公司的经验证据 [J]．会计研究，2013 (02)：45-53，95．

[91] 谭跃，夏芳．股价与中国上市公司投资——盈余管理与投资者情绪的交叉研究 [J]．会计研究，2011 (08)：30-39，95．

[92] 唐玮，夏晓雪，姜付秀．控股股东股权质押与公司融资约束 [J]．会计研究，2019 (06)：51-57．

[93] 王斌，蔡安辉，冯洋．大股东股权质押、控制权转移风险与公司业绩 [J]．系统工程理论与实践，2013，33 (07)：1762-1773．

[94] 王斌，宋春霞．大股东股权质押、股权性质与盈余管理方式 [J]．华东经济管理，2015，29 (08)：118-128．

[95] 王红建，李青原，邢斐．经济政策不确定性、现金持有水平及其市场价值 [J]．金融研究，2014 (09)：53-68．

[96] 王化成，刘欢，高升好．经济政策不确定性、产权性质与商业信用 [J]．经济理论与经济管理，2016 (05)：34-45．

[97] 王靖懿，夏常源，傅代国．放松卖空管制、控股股东股权质押与审计费用 [J]．审计研究，2019 (03)：84-92．

[98] 王克敏，王华杰，李栋栋，戴杏云．年报文本信息复杂性与管理者自利——来自中国上市公司的证据 [J]．管理世界，2018，34 (12)：120-132，194．

[99] 王小鲁，樊纲．中国地区差距的变动趋势和影响因素 [J]．经济研究，2004 (01)：33-44．

[100] 王雄元，欧阳才越，史震阳．股权质押、控制权转移风险与税收规避 [J]．经济研究，2018, 53 (01)：138-152.

[101] 王永钦，刘紫寒，李嫦，杜巨澜．识别中国非金融企业的影子银行活动——来自合并资产负债表的证据 [J]．管理世界，2015 (12)：24-40.

[102] 魏志华，曾爱民，吴育辉，李常青．IPO 补税影响 IPO 抑价吗？——基于信息不对称理论视角 [J]．金融研究，2018 (01)：191-206.

[103] 闻岳春，夏婷．大股东股权质押对公司价值影响的机理分析与研究综述 [J]．上海金融学院学报，2016 (02)：5-13.

[104] 吴冬梅，刘运国．捆绑披露是隐藏坏消息吗——来自独立董事辞职公告的证据 [J]．会计研究，2012 (12)：19-25, 94.

[105] 吴育辉，吴世农．股票减持过程中的大股东掏空行为研究 [J]．中国工业经济，2010 (05)：121-130.

[106] 仵志忠．信息不对称理论及其经济学意义 [J]．经济学动态，1997 (01)：66-69.

[107] 夏常源，贾凡胜．控股股东股权质押与股价崩盘："实际伤害"还是"情绪宣泄"[J]．南开管理评论，2019, 22 (05)：165-177.

[108] 夏婷，闻岳春，袁鹏．大股东股权质押影响公司价值的路径分析 [J]．山西财经大学学报，2018, 40 (08)：93-108.

[109] 肖海莲，周美华．R&D 支出与盈余管理——基于 R&D 会计政策变更的经验证据 [J]．证券市场导报，2012 (10)：48-54.

[110] 肖泽忠，邹宏．中国上市公司资本结构的影响因素和股权融资偏好 [J]．经济研究，2008 (06)：119-134, 144.

[111] 谢德仁，崔宸瑜，廖珂．上市公司"高送转"与内部人股票减持："谋定后动"还是"顺水推舟"？[J]．金融研究，2016 (11)：158-173.

[112] 谢德仁，姜博，刘永涛．经理人薪酬辩护与开发支出会计政策隐性选择 [J]．财经研究，2014, 40 (01)：125-134.

[113] 谢德仁，廖珂，郑登津．控股股东股权质押与开发支出会计政策隐性选择 [J]．会计研究，2017 (03)：30-38, 94.

[114] 谢德仁，廖珂．控股股东股权质押与上市公司真实盈余管理

[J]. 会计研究, 2018 (08): 21 –27.

[115] 谢德仁, 张新一, 崔宸瑜. 经常性与非经常性损益分类操纵——来自业绩型股权激励"踩线"达标的证据 [J]. 管理世界, 2019, 35 (07): 167 –181, 204.

[116] 谢德仁, 郑登津, 崔宸瑜. 控股股东股权质押是潜在的"地雷"吗？——基于股价崩盘风险视角的研究 [J]. 管理世界, 2016 (05): 128 –140, 188.

[117] 谢盛纹, 叶王春子. CEO 权力、环境不确定性与盈余管理 [J]. 会计与经济研究, 2014, 28 (03): 21 –36.

[118] 辛琳. 信息不对称理论研究 [J]. 嘉兴学院学报, 2001 (03): 38 –42.

[119] 徐会超, 潘临, 张熙萌. 大股东股权质押与审计师选择——来自中国上市公司的经验证据 [J]. 中国软科学, 2019 (08): 135 –143.

[120] 徐寿福, 贺学会, 陈晶萍. 股权质押与大股东双重择时动机 [J]. 财经研究, 2016, 42 (06): 74 –86.

[121] 许文静, 苏立, 吕鹏, 郝洪. 退市制度变革对上市公司盈余管理行为影响 [J]. 会计研究, 2018 (06): 32 –38.

[122] 亚琨, 罗福凯, 李启佳. 经济政策不确定性、金融资产配置与创新投资 [J]. 财贸经济, 2018, 39 (12): 95 –110.

[123] 杨鸣京, 程小可, 钟凯. 股权质押对企业创新的影响研究——基于货币政策不确定性调节效应的分析 [J]. 财经研究, 2019, 45 (02): 139 –152.

[124] 姚宏, 李延喜, 高锐, 张晶晶. 信息结构、风险偏好与盈余操纵行为——一次实验研究的结论 [J]. 会计研究, 2006 (05): 58 –65, 96.

[125] 叶建芳, 周兰, 李丹蒙, 郭琳. 管理层动机、会计政策选择与盈余管理——基于新会计准则下上市公司金融资产分类的实证研究 [J]. 会计研究, 2009 (03): 25 –30, 94.

[126] 叶康涛, 刘雨柔. 高管薪酬激励契约与会计科目归类操纵——基于一项准自然实验的证据 [J]. 北京工商大学学报 (社会科学版), 2019, 34 (05): 45 –56.

[127] 叶康涛, 臧文佼. 外部监督与企业费用归类操纵 [J]. 管理世

界，2016（01）：121 - 128，138.

[128] 叶康涛. 盈余管理与所得税支付：基于会计利润与应税所得之间差异的研究 [J]. 中国会计评论，2006（02）：205 - 224.

[129] 余明桂，潘红波. 金融发展、商业信用与产品市场竞争 [J]. 管理世界，2010（08）：117 - 129.

[130] 于忠泊，田高良，曾振. 上市公司临时报告对资本市场信息传递的影响 [J]. 系统工程理论与实践，2012，32（06）：1151 - 1165.

[131] 袁建国，程晨，后青松. 环境不确定性与企业技术创新——基于中国上市公司的实证研究 [J]. 管理评论，2015，27（10）：60 - 69.

[132] 翟胜宝，许浩然，刘耀淞，唐玮. 控股股东股权质押与审计师风险应对 [J]. 管理世界，2017（10）：51 - 65.

[133] 张成思，刘贯春. 中国实业部门投融资决策机制研究——基于经济政策不确定性和融资约束异质性视角 [J]. 经济研究，2018，53（12）：51 - 67.

[134] 张峰，刘曦苑，武立东，殷西乐. 产品创新还是服务转型：经济政策不确定性与制造业创新选择 [J]. 中国工业经济，2019（07）：101 - 118.

[135] 张慧，江民星，彭璧玉. 经济政策不确定性与企业退出决策：理论与实证研究 [J]. 财经研究，2018，44（04）：116 - 129.

[136] 张龙平，潘临，欧阳才越，熊家财. 控股股东股权质押是否影响审计师定价策略？——来自中国上市公司的经验证据 [J]. 审计与经济研究，2016，31（06）：35 - 45.

[137] 张敏，朱小平. 基于实际活动操控的盈余管理研究——国外文献述评及启示 [J]. 经济与管理研究，2012（02）：106 - 119.

[138] 张倩倩，周铭山，董志勇. 研发支出资本化向市场传递了公司价值吗？[J]. 金融研究，2017（06）：176 - 190.

[139] 张瑞君，徐鑫，王超恩. 大股东股权质押与企业创新 [J]. 审计与经济研究，2017，32（04）：63 - 73.

[140] 张陶勇，陈焰华. 股权质押、资金投向与公司绩效——基于我国上市公司控股股东股权质押的经验数据 [J]. 南京审计学院学报，2014，11（06）：63 - 70.

［141］张雪梅，陈娇娇．控股股东股权质押与分类转移盈余管理［J］．证券市场导报，2018（08）：29－38.

［142］张永冀，孟庆斌．预期通货膨胀与企业资产结构［J］．会计研究，2016（07）：27－34，96.

［143］张友棠，熊毅，曾芝红．异常审计收费与分类转移盈余管理——经济租金还是审计成本［J］．审计研究，2019（02）：82－90.

［144］张子余，杨丹，张碧秋．高新技术企业资格认定过程中的费用操控行为研究［J］．南开管理评论，2019，22（05）：155－164.

［145］张子余，张天西．"特殊损失项目"与"核心费用"之间的归类变更盈余管理研究［J］．财经研究，2012，38（03）：70－80.

［146］赵春光．资产减值与盈余管理——论《资产减值》准则的政策涵义［J］．会计研究，2006（03）：11－17，96.

［147］郑国坚，林东杰，林斌．大股东股权质押、占款与企业价值［J］．管理科学学报，2014，17（09）：72－87.

［148］支晓强，童盼．管理层业绩报酬敏感度、内部现金流与企业投资行为——对自由现金流和信息不对称理论的一个检验［J］．会计研究，2007（10）：73－81，96.

［149］周夏飞，魏炜．非经常性损益披露监管与归类变更盈余管理——来自中国上市公司的证据［J］．浙江大学学报（人文社会科学版），2015，45（05）：119－132.

［150］周晓苏，王磊，陈沉．环境不确定性、财务报告透明度和股价暴跌风险［J］．审计与经济研究，2016，31（06）：57－66，76.

［151］周晓苏，吴锡皓．稳健性对公司信息披露行为的影响研究——基于会计信息透明度的视角［J］．南开管理评论，2013，16（03）：89－100.

［152］祝继高，陆正飞．货币政策、企业成长与现金持有水平变化［J］．管理世界，2009（03）：152－158，188.

［153］Abernathy J L, Beyer B, Rapley E T. Earnings management constraints and classification shifting［J］. Journal of Business Finance & Accounting, 2014, 41（5－6）：600－626.

［154］Aggarwal R K, Samwick A A. The other side of the trade-off：The impact of risk on executive compensation［J］. Journal of political economy,

1999, 107 (1): 65 – 105.

[155] Akerlof G A. The market for "lemons": Quality uncertainty and the market mechanism [M]//Uncertainty in economics. Academic Press, 1978: 235 – 251.

[156] Amihud Y, Lev B. Risk reduction as a managerial motive for conglomerate mergers [J]. The bell journal of economics, 1981 (1): 605 – 617.

[157] Anderson R, Puleo M. Insider share-pledging and firm risk [C]// Southwestern Finance Association 2015 Conference. 2015.

[158] Arrow K J, Fisher A C. Environmental preservation, uncertainty, and irreversibility [M]//Classic papers in natural resource economics. London, Palgrave Macmillan, 1974: 76 – 84.

[159] Athanasakou V, Strong N C, Walker M. The market reward for achieving analyst earnings expectations: Does managing expectations or earnings matter? [J]. Journal of Business Finance & Accounting, 2011, 38 (1 – 2): 58 – 94.

[160] Badertscher B A. Overvaluation and the choice of alternative earnings management mechanisms [J]. The Accounting Review, 2011, 86 (5): 1491 – 1518.

[161] Baker S R, Bloom N, Davis S J. Measuring economic policy uncertainty [J]. The quarterly journal of economics, 2016, 131 (4): 1593 – 1636.

[162] Ball R, Shivakumar L. The role of accruals in asymmetrically timely gain and loss recognition [J]. Journal of accounting research, 2006, 44 (2): 207 – 242.

[163] Barberis N, Shleifer A, Wurgler J. Comovement [J]. Journal of financial economics, 2005, 75 (2): 283 – 317.

[164] Bartov E. The timing of asset sales and earnings manipulation [J]. Accounting Review, 1993 (1): 840 – 855.

[165] Baum C F, Caglayan M, Ozkan N, et al. The impact of macroeconomic uncertainty on non-financial firms' demand for liquidity [J]. Review of Financial Economics, 2006, 15 (4): 289 – 304.

[166] Baum C F, Caglayan M, Talavera O. On the sensitivity of firms' in-

vestment to cash flow and uncertainty [J]. Oxford Economic Papers, 2010, 62 (2): 286 – 306.

[167] Beaver W H, Engel E E. Discretionary behavior with respect to allowances for loan losses and the behavior of security prices [J]. Journal of Accounting and Economics, 1996, 22 (1 – 3): 177 – 206.

[168] Beneish M D, Vargus M E. Insider trading, earnings quality, and accrual mispricing [J]. the accounting review, 2002, 77 (4): 755 – 791.

[169] Beneish M D. The detection of earnings manipulation [J]. Financial Analysts Journal, 1999, 55 (5): 24 – 36.

[170] Bens D A, Nagar V, Wong M H F. Real investment implications of employee stock option exercises [J]. Journal of Accounting Research, 2002, 40 (2): 359 – 393.

[171] Bentley K A, Omer T C, Sharp N Y. Business strategy, financial reporting irregularities, and audit effort [J]. Contemporary Accounting Research, 2013, 30 (2): 780 – 817.

[172] Bereskin F L, Hsu P H, Rotenberg W. The real effects of real earnings management: Evidence from innovation [J]. Contemporary Accounting Research, 2018, 35 (1): 525 – 557.

[173] Bernanke B S, Kuttner K N. What explains the stock market's reaction to Federal Reserve policy? [J]. The Journal of finance, 2005, 60 (3): 1221 – 1257.

[174] Bernheim B D, Whinston M D. Common agency [J]. Econometrica: Journal of the Econometric Society, 1986: 923 – 942.

[175] Bhatia S, Choudhary S, Dugar A, et al. Stock pledging and earnings management: an empirical analysis [J]. Asian Review of Accounting, 2019.

[176] Bhattacharya U, Hsu P H, Tian X, et al. What affects innovation more: Policy or policy uncertainty? [J]. Journal of Financial and Quantitative Analysis, 2017, 52 (5): 1869 – 1901.

[177] Białkowski J, Gottschalk K, Wisniewski T P. Stock market volatility around national elections [J]. Journal of Banking & Finance, 2008, 32 (9):

1941 – 1953.

[178] Bonaime A, Gulen H, Ion M. Does policy uncertainty affect mergers and acquisitions? [J]. Journal of Financial Economics, 2018, 129 (3): 531 – 558.

[179] Boutchkova M, Doshi H, Durnev A, et al. Precarious politics and return volatility [J]. The Review of Financial Studies, 2012, 25 (4): 1111 – 1154.

[180] Braam G, Nandy M, Weitzel U, et al. Accrual-based and real earnings management and political connections [J]. The International Journal of Accounting, 2015, 50 (2): 111 – 141.

[181] Bradshaw M T, Sloan R G. GAAP versus the street: An empirical assessment of two alternative definitions of earnings [J]. Journal of Accounting Research, 2002, 40 (1): 41 – 66.

[182] Brogaard J, Detzel A. The asset-pricing implications of government economic policy uncertainty [J]. Management Science, 2015, 61 (1): 3 – 18.

[183] Burgstahler D, Dichev I. Earnings management to avoid earnings decreases and losses [J]. Journal of accounting and economics, 1997, 24 (1): 99 – 126.

[184] Campa D, Cao T, Donnelly R. Asset Disposal as a Method of Real Earnings Management: Evidence from the UK [J]. Abacus, 2019.

[185] Carpenter M A. The price of change: The role of CEO compensation in strategic variation and deviation from industry strategy norms [J]. Journal of Management, 2000, 26 (6): 1179 – 1198.

[186] Carson S J, Madhok A, Wu T. Uncertainty, opportunism, and governance: The effects of volatility and ambiguity on formal and relational contracting [J]. Academy of Management Journal, 2006, 49 (5): 1058 – 1077.

[187] Carter M E, Soo B S. The relevance of Form 8 – K reports [J]. Journal of Accounting Research, 1999, 37 (1): 119 – 132.

[188] Cavalluzzo K, Wolken J. Small business loan turndowns, personal wealth, and discrimination [J]. The Journal of Business, 2005, 78 (6): 2153 – 2178.

［189］Chan K, Chen H K, Hu S, et al. Share pledges and margin call pressure［J］. Journal of Corporate Finance, 2018, 52：96 –117.

［190］Chandler A D. Strategy and structure：chapters in the history of American industrial enterprises［J］. Cambridge. hlass. ：MIT Press, 1962, 14：16.

［191］Chen A, Kao L. Effect of collateral characteristics on bank performance：Evidence from collateralized stocks in Taiwan［J］. Journal of Banking & Finance, 2011, 35（2）：300 –309.

［192］Chen J X, Sharma P, Zhan W, et al. Demystifying the impact of CEO transformational leadership on firm performance：Interactive roles of exploratory innovation and environmental uncertainty［J］. Journal of Business Research, 2019, 96：85 –96.

［193］Chen Y, Hu S Y. The controlling shareholder's personal leverage and firm performance［J］. Applied Economics, 2007, 39（8）：1059 –1075.

［194］Cheng J L C, Kesner I F. Organizational slack and response to environmental shifts：The impact of resource allocation patterns［J］. Journal of management, 1997, 23（1）：1 –18.

［195］Cheng Q, Lee J, Shevlin T. Internal governance and real earnings management［J］. The Accounting Review, 2015, 91（4）：1051 –1085.

［196］Chi J D, Gupta M. Overvaluation and earnings management［J］. Journal of Banking & Finance, 2009, 33（9）：1652 –1663.

［197］Child J. Organization structure and strategies of control：A replication of the Aston study［J］. Administrative science quarterly, 1972：163 –177.

［198］Chiou J R, Hsiung T C, Kao L F. A study on the relationship between financial distress and collateralized shares［J］. 中華會計學刊, 2002, 3（1）：79 –111.

［199］Claessens S, Djankov S, Fan J P H, et al. Disentangling the incentive and entrenchment effects of large shareholdings［J］. The journal of finance, 2002, 57（6）：2741 –2771.

［200］Cleary S, Povel P, Raith M. The U – shaped investment curve：Theory and evidence［J］. Journal of financial and quantitative analysis, 2007, 42（1）：1 –39.

［201］Cohen D A, Dey A, Lys T Z. Real and accrual-based earnings management in the pre-and post – Sarbanes – Oxley periods ［J］. The accounting review, 2008, 83 (3): 757 – 787.

［202］Cohen D A, Zarowin P. Accrual-based and real earnings management activities around seasoned equity offerings ［J］. Journal of accounting and Economics, 2010, 50 (1): 2 – 19.

［203］Collins D W, Maydew E L, Weiss I S. Changes in the value-relevance of earnings and book values over the past forty years ［J］. Journal of accounting and economics, 1997, 24 (1): 39 – 67.

［204］Cummins J G, Nyman I. Optimal investment with fixed financing costs ［J］. Finance Research Letters, 2004, 1 (4): 226 – 235.

［205］DeAngelo L E. Accounting numbers as market valuation substitutes: A study of management buyouts of public stockholders ［J］. Accounting review, 1986: 400 – 420.

［206］Dechow P M, Dichev I D. The quality of accruals and earnings: The role of accrual estimation errors ［J］. The accounting review, 2002, 77 (s – 1): 35 – 59.

［207］Dechow P M, Myers L A, Shakespeare C. Fair value accounting and gains from asset securitizations: A convenient earnings management tool with compensation side-benefits ［J］. Journal of accounting and economics, 2010, 49 (1 – 2): 2 – 25.

［208］Dechow P M, Skinner D J. Earnings management: Reconciling the views of accounting academics, practitioners, and regulators ［J］. Accounting horizons, 2000, 14 (2): 235 – 250.

［209］Dechow P M, Sloan R G, Sweeney A P. Detecting earnings management ［J］. Accounting review, 1995: 193 – 225.

［210］Degeorge F, Patel J, Zeckhauser R. Earnings management to exceed thresholds ［J］. The Journal of Business, 1999, 72 (1): 1 – 33.

［211］Dess G G, Beard D W. Dimensions of organizational task environments ［J］. Administrative science quarterly, 1984: 52 – 73.

［212］Dou Y, Masulis R W, Zein J. Shareholder wealth consequences of insider pledging of company stock as collateral for personal loans [J]. Forthcoming, Review of Financial Studies, 2019.

[213] Duncan R B. Characteristics of organizational environments and perceived environmental uncertainty [J]. Administrative science quarterly, 1972: 313 – 327.

[214] Durnev A, Morck R, Yeung B, et al. Does greater firm-specific return variation mean more or less informed stock pricing? [J]. Journal of Accounting Research, 2003, 41 (5): 797 – 836.

[215] Dye R A. Classifications manipulation and Nash accounting standards [J]. Journal of accounting research, 2002, 40 (4): 1125 – 1162.

[216] Einhorn E, Langberg N, Versano T. Cross – Firm Real Earnings Management [J]. Journal of Accounting Research, 2018, 56 (3): 883 – 911.

[217] Fairfield P M, Sweeney R J, Yohn T L. Accounting classification and the predictive content of earnings [J]. Accounting Review, 1996: 337 – 355.

[218] Fan Y, Barua A, Cready W M, et al. Managing earnings using classification shifting: Evidence from quarterly special items [J]. The Accounting Review, 2010, 85 (4): 1303 – 1323.

[219] Fazzari S, Hubbard R G, Petersen B C. Financing constraints and corporate investment [R]. National Bureau of Economic Research, 1987.

[220] Feltham G A, Hofmann C. Limited commitment in multi-agent contracting [J]. Contemporary Accounting Research, 2007, 24 (2): 345 – 375.

[221] Francis B, Hasan I, Li L. Abnormal real operations, real earnings management, and subsequent crashes in stock prices [J]. Review of Quantitative Finance and Accounting, 2016, 46 (2): 217 – 260.

[222] Gaver J J, Paterson J S. Earnings management under changing regulatory regimes: State accreditation in the insurance industry [J]. Journal of Accounting and Public Policy, 2000, 19 (4 – 5): 399 – 420.

[223] Ge W, Kim J B. Boards, takeover protection, and real earnings management [J]. Review of Quantitative Finance and Accounting, 2014, 43 (4): 651 – 682.

[224] Ghosh D, Olsen L. Environmental uncertainty and managers' use of discretionary accruals [J]. Accounting, Organizations and Society, 2009, 34 (2): 188 – 205.

[225] Govindarajan V. Appropriateness of accounting data in performance evaluation: an empirical examination of environmental uncertainty as an intervening variable [J]. Accounting, organizations and society, 1984, 9 (2): 125 – 135.

[226] Gu Z, Wu J S. Earnings skewness and analyst forecast bias [J]. Journal of Accounting and Economics, 2003, 35 (1): 5 – 29.

[227] Gulen H, Ion M. Policy uncertainty and corporate investment [J]. The Review of Financial Studies, 2016, 29 (3): 523 – 564.

[228] Gunny K A. The relation between earnings management using real activities manipulation and future performance: Evidence from meeting earnings benchmarks [J]. Contemporary accounting research, 2010, 27 (3): 855 – 888.

[229] Gunny K A. What are the consequences of real earnings management? [J]. 2005.

[230] Healy P M, Hutton A P, Palepu K G. Stock performance and intermediation changes surrounding sustained increases in disclosure [J]. Contemporary accounting research, 1999, 16 (3): 485 – 520.

[231] Herrmann D, Inoue T, Thomas W B. The sale of assets to manage earnings in Japan [J]. Journal of Accounting Research, 2003, 41 (1): 89 – 108.

[232] Holmstrom B, Milgrom P. Multitask principal-agent analyses: Incentive contracts, asset ownership, and job design [J]. JL Econ. & Org., 1991, 7: 24.

[233] Hong H A, KIM J B O N, Welker M. Divergence of cash flow and voting rights, opacity, and stock price crash risk: International evidence [J]. Journal of Accounting Research, 2017, 55 (5): 1167 – 1212.

[234] Hribar P, Jenkins N T, Johnson W B. Stock repurchases as an earnings management device [J]. Journal of Accounting and Economics, 2006, 41 (1 – 2): 3 – 27.

[235] Huang K, Lao B, McPhee G. Does stock liquidity affect accrual-based earnings management? [J]. Journal of Business Finance & Accounting, 2017, 44 (3-4): 417-447.

[236] Huang S, Roychowdhury S, Sletten E. Does Litigation Deter or Encourage Real Earnings Management? [J]. The Accounting Review, 2019.

[237] Huang T, Wu F, Yu J, et al. Political risk and dividend policy: Evidence from international political crises [J]. Journal of International Business Studies, 2015, 46 (5): 574-595.

[238] Huang Z, Xue Q. Controlling Shareholders' Incentives and Earnings Management Behavior: Evidence from the Share Pledges Phenomenon in China [C]. Working paper. The 2018 Annual Meeting of the American Accounting Association, 2016.

[239] Hutton A P, Marcus A J, Tehranian H. Opaque financial reports, R2, and crash risk [J]. Journal of financial Economics, 2009, 94 (1): 67-86.

[240] Ikenberry D L, Rankine G, Stice E K. What do stock splits really signal? [J]. Journal of Financial and Quantitative analysis, 1996, 31 (3): 357-375.

[241] Ipino E, Parbonetti A. Mandatory IFRS adoption: the trade-off between accrual-based and real earnings management [J]. Accounting and Business Research, 2017, 47 (1): 91-121.

[242] Irani R M, Oesch D. Analyst coverage and real earnings management: Quasi-experimental evidence [J]. Journal of Financial and Quantitative Analysis, 2016, 51 (2): 589-627.

[243] Järvinen T, Myllymäki E R. Real earnings management before and after reporting SOX 404 material weaknesses [J]. Accounting Horizons, 2015, 30 (1): 119-141.

[244] Jensen M C, Meckling W H. Theory of the firm: Managerial behavior, agency costs and ownership structure [J]. Journal of financial economics, 1976, 3 (4): 305-360.

[245] Jones J J. Earnings management during import relief investigations [J]. Journal of accounting research, 1991, 29 (2): 193-228.

［246］Joo J H, Chamberlain S L. The effects of governance on classification shifting and compensation shielding ［J］. Contemporary Accounting Research, 2017, 34 (4): 1779 – 1811.

［247］Justin Tan J, Litsschert R J. Environment-strategy relationship and its performance implications: An empirical study of the Chinese electronics industry ［J］. Strategic management journal, 1994, 15 (1): 1 – 20.

［248］Kang W, Lee K, Ratti R A. Economic policy uncertainty and firm-level investment ［J］. Journal of Macroeconomics, 2014, 39: 42 – 53.

［249］Kao L, Chiou J R, Chen A. The agency problems, firm performance and monitoring mechanisms: the evidence from collateralised shares in Taiwan ［J］. Corporate Governance: An International Review, 2004, 12 (3): 389 – 402.

［250］Kaplan S N, Zingales L. Do investment-cash flow sensitivities provide useful measures of financing constraints? ［J］. The quarterly journal of economics, 1997, 112 (1): 169 – 215.

［251］Kim J B, Li Y, Zhang L. Corporate tax avoidance and stock price crash risk: Firm-level analysis ［J］. Journal of Financial Economics, 2011, 100 (3): 639 – 662.

［252］Kim J B, Sohn B C. Real earnings management and cost of capital ［J］. Journal of Accounting and Public Policy, 2013, 32 (6): 518 – 543.

［253］Kim J B, Zhang L. Financial reporting opacity and expected crash risk: Evidence from implied volatility smirks ［J］. Contemporary Accounting Research, 2014, 31 (3): 851 – 875.

［254］Kim S H, An Y. The effect of ownership-control disparity on the Chinese firm's real activity earnings management ［J］. Pacific Accounting Review, 2018, 30 (4): 482 – 499.

［255］Kimbrough M, Louis H. Financial reporting incentives, corporate governance, and the trade-off among alternative forms of executive compensation ［R］. Working paper, Harvard Business School, 2004.

［256］Kothari S P, Leone A J, Wasley C E. Performance matched discretionary accrual measures ［J］. Journal of accounting and economics, 2005, 39

(1): 163 –197.

[257] La Porta R, Lopez-de – Silanes F, Shleifer A. Corporate ownership around the world [J]. The journal of finance, 1999, 54 (2): 471 –517.

[258] Lail B E, Thomas W B, Winterbotham G J. Classification shifting using the "corporate/other" segment [J]. Accounting Horizons, 2014, 28 (3): 455 –477.

[259] Lam S S K, Yeung J C K. Staff localization and environmental uncertainty on firm performance in China [J]. Asia Pacific Journal of Management, 2010, 27 (4): 677 –695.

[260] Larcker D F, Tayan B. Pledge (and hedge) allegiance to the company [J]. Rock Center for Corporate Governance at Stanford University Closer Look Series: Topics, Issues and Controversies in Corporate Governance No. CGRP – 11, 2010.

[261] Lee S, Lee J. Insiders Share Pledging and Earnings Management [J]. 한국산업경제학회정기학술발표대회초록집, 2016: 337 –347.

[262] Lennox C, Pittman J A. Big Five audits and accounting fraud [J]. Contemporary Accounting Research, 2010, 27 (1): 209 –247.

[263] Lerman A, Livnat J. The new Form 8 – K disclosures [J]. Review of Accounting Studies, 2010, 15 (4): 752 –778.

[264] Li H, Zhou L A. Political turnover and economic performance: the incentive role of personnel control in China [J]. Journal of public economics, 2005, 89 (9 –10): 1743 –1762.

[265] Li M, Liu C, Scott T. Share pledges and firm value [J]. Pacific – Basin Finance Journal, 2019, 55: 192 –205.

[266] Li X D. The Impact of the Sarbanes – Oxley Act on Earnings Management Using Classification Shifting: Evidence from Core Earnings and Special Items [J]. Accounting & Taxation, 2016, 8 (1): 39 –48.

[267] Lind J T, Mehlum H. With or without U? The appropriate test for a U – shaped relationship [J]. Oxford bulletin of economics and statistics, 2010, 72 (1): 109 –118.

[268] Malikov K, Manson S, Coakley J. Earnings management using clas-

sification shifting of revenues [J]. The British Accounting Review, 2018, 50 (3): 291 –305.

[269] Mao Y, Renneboog L. Do managers manipulate earnings prior to management buyouts? [J]. Journal of Corporate Finance, 2015, 35: 43 –61.

[270] McAnally M L, Srivastava A, Weaver C D. Executive stock options, missed earnings targets, and earnings management [J]. The Accounting Review, 2008, 83 (1): 185 –216.

[271] McLelland A J. The relative use of form 8 – k disclosures: a trading response analysis [D]. Texas A&M University, 2004.

[272] McNichols M F. Discussion of the quality of accruals and earnings: The role of accrual estimation errors [J]. The accounting review, 2002, 77 (s – 1): 61 –69.

[273] McNichols M, Wilson G P. Evidence of earnings management from the provision for bad debts [J]. Journal of accounting research, 1988: 1 –31.

[274] McVay S E. Earnings management using classification shifting: An examination of core earnings and special items [J]. The Accounting Review, 2006, 81 (3): 501 –531.

[275] Merchant K A. The effects of financial controls on data manipulation and management myopia [J]. Accounting, organizations and society, 1990, 15 (4): 297 –313.

[276] Milliken F J. Three types of perceived uncertainty about the environment: State, effect, and response uncertainty [J]. Academy of Management review, 1987, 12 (1): 133 –143.

[277] Myers J N, Myers L A, Skinner D J. Earnings momentum and earnings management [J]. Journal of Accounting, Auditing & Finance, 2007, 22 (2): 249 –284.

[278] Myers S C, Majluf N S. Corporate financing and investment decisions when firms have information that investors do not have [J]. Journal of financial economics, 1984, 13 (2): 187 –221.

[279] Myers S C. Determinants of corporate borrowing [J]. Journal of financial economics, 1977, 5 (2): 147 –175.

[280] Myers S C. The capital structure puzzle [J]. The journal of finance, 1984, 39 (3): 574 –592.

[281] Nagar V, Schoenfeld J, Wellman L. The effect of economic policy uncertainty on investor information asymmetry and management disclosures [J]. Journal of Accounting and Economics, 2019, 67 (1): 36 –57.

[282] Pacheco Paredes A A, Wheatley C. Real earnings management or "just business" [J]. Journal of Financial Economic Policy, 2017, 9 (3): 268 –283.

[283] Pastor L, Veronesi P. Uncertainty about government policy and stock prices [J]. The journal of Finance, 2012, 67 (4): 1219 –1264.

[284] Perry S, Grinaker R. Earnings expectations and discretionary research and develop [J]. Accounting Horizons, 1994, 8 (4): 43.

[285] Petroni K R, Ryan S G, Wahlen J M. Discretionary and non-discretionary revisions of loss reserves by property-casualty insurers: Differential implications for future profitability, risk and market value [J]. Review of Accounting Studies, 2000, 5 (2): 95 –125.

[286] Pfeffer J, Salancik G R. The external control of organizations: A resource dependence perspective [M]. Stanford University Press, 2003.

[287] Porter M E, Millar V E. How information gives you competitive advantage [J]. 1985.

[288] Priem R L, Love L G, Shaffer M A. Executives' perceptions of uncertainty sources: A numerical taxonomy and underlying dimensions [J]. Journal of management, 2002, 28 (6): 725 –746.

[289] Ranjitha A, Madhumathi R. RELATIONSHIP BETWEEN FIRM VALUATION, BUSINESS PRACTICES AND EARNINGS MANAGEMENT: A META – ANALYSIS [J]. Asia – Pacific Management Accounting Journal, 2019, 14 (1): 115 –134.

[290] Rosenbaum P R, Rubin D B. The central role of the propensity score in observational studies for causal effects [J]. Biometrika, 1983, 70 (1): 41 –55.

[291] Roychowdhury S. Earnings management through real activities manipulation [J]. Journal of accounting and economics, 2006, 42 (3): 335 –370.

［292］Sabherwal R, Sabherwal S, Havakhor T, et al. How does strategic alignment affect firm performance? The roles of information technology investment and environmental uncertainty ［J］. MIS Quarterly, 2019, 43 (2): 453 – 474.

［293］Sappington D E M. Incentives in principal-agent relationships ［J］. Journal of economic Perspectives, 1991, 5 (2): 45 – 66.

［294］Sarkar S. On the investment – uncertainty relationship in a real options model ［J］. Journal of Economic Dynamics and Control, 2000, 24 (2): 219 – 225.

［295］Scherer F M, Ross D. Industrial market structure and economic performance ［J］. University of Illinois at Urbana – Champaign's Academy for entrepreneurial leadership historical research reference in entrepreneurship, 1990.

［296］Schipper K. Commentary on Earnings management ［J］. Accounting horizons, 1989, 3 (4): 91 – 102.

［297］Serrasqueiro Z, Caetano A. Trade – Off Theory versus Pecking Order Theory: capital structure decisions in a peripheral region of Portugal ［J］. Journal of Business Economics and Management, 2015, 16 (2): 445 – 466.

［298］Shackelford D A, Shevlin T. Empirical tax research in accounting ［J］. Journal of accounting and economics, 2001, 31 (1 – 3): 321 – 387.

［299］Singh P P. The Inside Job: Share Pledges by Insiders and Earnings Management ［J］. Available at SSRN 3294165, 2018.

［300］Siu D T L, Faff R W. Management of core earnings using classification shifting around seasoned equity offerings ［J］. Available at SSRN 1928578, 2013.

［301］Slemrod J. The economics of corporate tax selfishness ［R］. National bureau of economic research, 2004.

［302］Sloan R G. Do stock prices fully reflect information in accruals and cash flows about future earnings? ［J］. Accounting review, 1996: 289 – 315.

［303］Song Z, Storesletten K, Zilibotti F. Growing like china ［J］. American economic review, 2011, 101 (1): 196 – 233.

［304］Swamidass P M, Newell W T. Manufacturing strategy, environmental uncertainty and performance: a path analytic model ［J］. Management science,

1987, 33 (4): 509 – 524.

[305] Tan J, Tang Y. Donate money, but whose? An empirical study of ultimate control rights, agency problems, and corporate philanthropy in China [J]. Journal of Business Ethics, 2016, 134 (4): 593 – 610.

[306] Teece D J, Pisano G, Shuen A. Dynamic capabilities and strategic management [J]. Strategic management journal, 1997, 18 (7): 509 – 533.

[307] Teoh S H, Welch I, Wong T J. Earnings management and the long-run market performance of initial public offerings [J]. The journal of finance, 1998, 53 (6): 1935 – 1974.

[308] Thompson M, Warburton M, Hatley T. Uncertainty: On a Himalayan Scale [M]. Himal Books, 2007.

[309] Tong G, Green C J. Pecking order or trade-off hypothesis? Evidence on the capital structure of Chinese companies [J]. Applied economics, 2005, 37 (19): 2179 – 2189.

[310] Umanath N S, Ray M R, Campbell T L. The effect of uncertainty and information asymmetry on the structure of compensation contracts: A test of competing models [J]. Management Science, 1996, 42 (6): 868 – 874.

[311] Waldman D A, Ramirez G G, House R J, et al. Does leadership matter? CEO leadership attributes and profitability under conditions of perceived environmental uncertainty [J]. Academy of management journal, 2001, 44 (1): 134 – 143.

[312] Wan W P, Yiu D W. From crisis to opportunity: Environmental jolt, corporate acquisitions, and firm performance [J]. Strategic Management Journal, 2009, 30 (7): 791 – 801.

[313] Wang Y C, Chou R K. The impact of share pledging regulations on stock trading and firm valuation [J]. Journal of Banking & Finance, 2018, 89: 1 – 13.

[314] Wang Y, Chen C R, Huang Y S. Economic policy uncertainty and corporate investment: Evidence from China [J]. Pacific – Basin Finance Journal, 2014, 26: 227 – 243.

[315] Williamson O E. Assessing vertical market restrictions: Antitrust ram-

ifications of the transaction cost approach [J]. University of Pennsylvania Law Review, 1979, 127 (4): 953 – 993.

[316] Xu C. The fundamental institutions of China's reforms and development [J]. Journal of economic literature, 2011, 49 (4): 1076 – 1151.

[317] Yeh Y H, Ko C E, Su Y H. Ultimate control and expropriation of minority shareholders: New evidence from Taiwan [J]. Academia economic papers, 2003, 31 (3): 263 – 299.

[318] Yoo J, Kim J. The effects of entrepreneurial orientation and environmental uncertainty on Korean technology firms' R&D investment [J]. Journal of Open Innovation: Technology, Market, and Complexity, 2019, 5 (2): 29.

[319] Young C S, Peng C W, Chien C C, et al. Does SFAS No. 151 trigger more overproduction? [J]. Journal of Management Accounting Research, 2013, 26 (1): 121 – 143.

[320] Zang A Y. Evidence on the trade-off between real activities manipulation and accrual-based earnings management [J]. The accounting review, 2012, 87 (2): 675 – 703.

[321] Zhang Y. The effects of perceived fairness and communication on honesty and collusion in a multi-agent setting [J]. The Accounting Review, 2008, 83 (4): 1125 – 1146.